KB041407

비움 —— 효과

삶을 변화시키는 마법
비움 효과

초판 1쇄 발행   2021년 2월 15일

지 은 이   최현아
펴 낸 이   한승수
펴 낸 곳   문예춘추사

편   집   구본영, 이상실
마 케 팅   박건원
디 자 인   박소윤

등록번호   제300-1994-16
등록일자   1994년 1월 24일
주   소   서울특별시 마포구 동교로 27길 53, 309호
전   화   02 338 0084
팩   스   02 338 0087
메   일   moonchusa@naver.com

I S B N   978-89-7604-433-4 13190

삶을 변화시키는 마법

비움—효과

최현아 지음

문예춘추사

아직도 갈팡질팡하고 있나요?

많은 사람들이 성공을 위해 달립니다. 새벽 기상을 하고, 바인더를 쓰고, 매일 독서를 합니다. 성공하고 싶으면 성공하는 사람이 하는 대로 따라 하라는 말이 있습니다. 맞는 말입니다. 정말 그렇습니다. 하지만 그 이전에 알아야 할 것이 있지요. 성공을 향해 달리기 이전에 먼저 성공이 무엇인지, 그에 대해 정의하는 것이 필요합니다.

성공이란 무엇일까요? 경제적 자유? 시간적 자유? 너무 추상적이지요? 그렇다면 좋은 차, 좋은 집? 너무 속물적인가요? 과연 진정한 성공이란 무엇일까요? 사람들은 왜 성공하려고 할까요?

시작부터 복잡한 느낌인가요? 그럼 우선 성공을 나름대로 정의했다고 칩시다. 이제 그 성공을 어디서 어떻게 찾아야 할지 생각해봅시다. 더 어려운가요? 그럼 비교적 쉬운 방법을 제시할게요. 성공을 위한 삶은 지금보다 더 노력하고 더 분투해야 하는 삶이 아닙니다. 무언가를 더해야 하는 고단함이 아닙니다. 그 간단한 방법은 바로 '비움'입니다. 지금 내가 가진 것을 버리는 것이지요.

비움은 취사선택의 문제입니다. 세 개 중에 한 개를 비우고, 남은 두 개 중에 한 개를 비우는 일입니다. 마지막 남긴 그 하나가 당신의 꿈이자 성공 그 자체입니다. 허무할 정도로 쉽죠? 비움에는 여러 가지 방법이 있지만 우리는 앞으로 비교적 쉬운 방법인 물건 비우기로 시작합니다. 하지만 이 쉬운 방법에도 다양한 진리가 숨어 있답니다. 물건을 비우는 것은 단순히 물건만 비우는 것이 아닙니다. 물건을 비우는 과정 속에서 끊임없이 내면의 대화를 되풀이하게 됩니다.

피 같은 돈을 들여 산 물건인데, 추억이 가득한 물건인데 그냥 버릴 순 없지 않겠어요? 내면과의 만남을 반복하다 보면 어느새 나 자신에 대해 알게 됩니다. 자신이 좋아하는 것, 자신이 꿈꾸는 것, 자신이 진정 원하는 것을 알게 됩니다. 남들이 아닌 나 자신의 기준으로.

믿기지 않나요? 몇 년만 이렇게 해보세요. 딱 2년만, 아니 딱 1년만. 너무 긴가요? 어차피 1년 동안 꿈 없이 살아오지 않았나요? 아직도 갈팡질팡하고 있다면, 밑져야 본전 아니겠어요? 그러니 이제 저를 따라 '비움'의 길로 떠나볼까요?

CONTENTS

3 장

비워야 채운다

4 장

비워야 성공한다

(5) 장

무엇을, 어떻게 비워야 할까?

몽골인들이 평생 소유하는 물건은 평균 삼백여 개라고 합니다. 반면 우리는 어떨까요? 방 하나를 둘러봐도 삼백여 개는 훌쩍 뛰어넘을 것입니다. 그 많은 것을 끌어안고 혹은 그 많은 것을 버리고 당신은 쉽게 떠날 수 있을까요? 분명 소유한 것이 많으면 자유로울 수 없습니다. 그런데 인생이란 여행에서 우리는 너무 많은 것을 짊어지고 있는 것은 아닐까요?

1장

삶을 변화시키는 마법,

비움 효과

내 인생은 대체 왜 이 모양이지?

불행의 시작은 '더러운 집안'

여기에 한 남성이 있습니다. 그는 사업에 실패하고 이혼을 했으며 무기력에 빠져 있습니다. 그의 방은 상상 이상으로 지저분합니다. 하지만 하루이틀간의 문제가 아닙니다. 사업에 실패하기 전에도, 이혼을 하기 전에도 그의 집은 항상 그 상태였으니까요.

집을 이사하고 옮겨도 그때뿐이었습니다. 집을 옮기면 잠시뿐, 그 집은 다시 쓰레기 더미에 휩싸였습니다. 방뿐만이 아니었어요. 외모 또한 가꾸거나 관리하지 않았습니다. 목욕탕 한 번 가지 않은 꾀죄죄한 얼굴로 수염도 깎지 않은 채로 지냈습니다. 이런 상태로 망하지 않은 게 이상할 지경이었지요. 그는 항상 불안함과 초조함에 시달렸고 그것은 결국 불운을 끌어당겼습니다.

다행히 그에게는 좋은 친구가 있었습니다. 우연히 그의 집을 방문한 그 친구는 그의 집을 보고 경악을 금치 못했고, 다음날 걸레를 들고 찾아와 그의 집을 말끔하게 바꾸어주었습니다. 그는 이것으로 청소에 눈을 뜨게 됐고, 처음으로 비우는 것의 상쾌함과 시원함을 맛보았지요.

이 작지만 충격적인 체험으로 그는 이혼, 도산 등이 사실상 방치된 그의 집 때문이었음을 깨달았습니다. 그 후로 그는 불필요한 물건을 비우고, 집안을 깨끗하게 하는 데 총력을 기울였습니다. 그 후 그의 방이 부활한 것처럼 그 역시 새롭게 태어났습니다. 그는 다시 결혼도 하게 됐고, 새로운 사업도 시작했습니다. 연이어 행복한 일이 일어났지요. 청소로 부정적 기운을 비워냄으로써 위기를 극복하고 새로운 인생을 살게 된 것입니다. 후에 그는 집안의 더러움이 자신을 불행으로 이끈 것이라고 말합니다.

『청소력』의 저자 마쓰다 미쓰히로의 이야기입니다.

마법의 시작은 '작은 나아짐'

누구나 인생을 살며 역경을 만납니다. 그녀의 인생 최고의 역경은 둘째 아이를 임신하고 일어났습니다. 당시 그녀는 육아우울증에 걸려 있었습니다. 가족도 친지도 없는 지역에서 신혼을 시작했고, 첫째 아이를 낳고 첫째가 돌도 되지 않아 둘째 아이를 임신했습니다. 남편은 휴일도 없이 일하는 상태였고, 그녀는 독박 육아로 인해 몸과 마음이 지칠 대로 지친 상태였지요.

누구에게도 의지하지 못하고 두 아이를 키우는 상태가 연달아 이어졌습니다. 제정신이 아니었고, 돌쟁이 아이와 뱃속 태아를 가진 엄마가 베란다 밖으로 뛰어내려 죽을 생각만 하던 나날이었습니다. 매일 밤 아이들과 남편 몰래 울다 지쳐 잠들었고, 손가락 하나 까딱하기 싫은 삶이었습니다. 근근이 아이 먹일 음식만 만들며 살아갔지요.

그녀의 집안 역시 엉망이었습니다. 아이들을 돌보는 것만으로도 힘든데 집안을 돌볼 여력이 나지 않았습니다. 하지만 집안을 방치하면 방치할수록 마음까지 방치되는 기분이 들었습니다. 이름 모를 살림들이 쌓여갈수록 아이를 돌보는 게 더욱 힘에 부쳤습니다.

'이대로는 안 되겠다!' 싶었어요. 작은 시작이라도 하고 싶은 마음에 집안의 아무 서랍이나 열어 정리를 시작했습니다. 정말 작디작은 서랍이었지요. 오래되어 인쇄된 부분이 지워진 영수증, 원래 용도가 무언지 알 수 없는 플라스틱 조각, 다시는 쓰기 싫은 쓰다 만 작은 노트. 이런 쓸모없는 쓰레기들을 모두 버리고, 나머지 물건들을 나름대로 열을 맞춰 예쁘게 상자에 정리했습니다.

1시간, 아니 30분도 걸리지 않는 일이었습니다. 그 작은 서랍을 매만졌던 짧은 시간 동안 그녀는 앞으로의 인생에 새로운 세계가 열렸음을 직감했습니다. 집에서 유일하게 통제 가능한 공간이 생긴 것이지요. 그녀는 그날 그 서랍을 몇 번이나 열었다 닫았는지 모릅니다. 나만의 작은 서랍, 작은 세계를 열고 닫으며 그녀는 새로운 인생의 문을 열었습니다.

이 책의 저자인 저의 이야기입니다.

누구나 인생이 잘 풀리지 않을 때가 있습니다. 내 인생도, 내 인생의 주인공인 나도, 타인도 다 싫어지는 그때. 그럴 때는 모든 것이 귀찮고 누구에게도 보이지 않는 투명인간이 되고 싶어집니다. 아무것도 하기 싫고 아무 일도 일어나지 않기를 바라게 됩니다. 하지만 그럴 때 우리는 움직여야 합니다. 그대로 있다가는 우리는 영영 아무것도 없고, 아무 일도 일어나지 않는 세상에 고립되어버립니다.

작은 시도부터 해보세요. 머리를 감고, 세수를 하고, 양치를 하면서 몸에 달라붙어 있는 우울한 기분을 떨쳐내세요. 주변의 쓰레기를 버리고, 쓸데없는 물건을 처분하고, 바닥을 닦으며 마음을 들여다보세요. 그 작은 행동이 우리를 조금 나아지게 만들 것입니다. 그 조금의 나아짐이 내일도 우리를 눈뜨게 만들 것입니다. 그 작은 나아짐들이 모여 우리를 다시 시작하게 만듭니다.

삶을 변화시키는 마법, 비움 효과

우리는 매일 조금 더 나아질 수 있습니다. 하지만 그것은 우리가 행동을 할 때만 나타납니다. '내 인생이 왜 이 모양이지?'라는 생각이 들 때 작은 변화를 시도해보세요. 몸과 마음, 그리고 주변을 계속 비워나가다 보면 어느새 내 인생에 대한 기대가 조금씩 자라나게 된답니다.

혹시, 지금 아무것도 되는 일이 없으신가요? '내 인생은 왜 이 모양이지?'라는 생각이 드시나요? 그렇다면 자신의 방을 점검해보세요. 그리고 당장 무엇이라도 비워보세요. 분명 지금까지 가능할 것 같지 않던 마법이 일어날 것입니다.

02

비움이 가져다준 10억

"나는 미니멀라이프로 10억을 벌었다"

　여기 또 다른 한 남자가 있습니다. 그는 '홍사장'이라는 닉네임으로 유튜브에서 활동하고 있는 유튜버입니다. 그는 미니멀라이프로 10억이라는 돈을 벌었다고 합니다. 그의 이야기를 들어볼까요?

　"미니멀라이프에 대해 사람들이 오해하는 게 있다. 미니멀리스트들은 물욕도 없고, 무소유 정신으로 스님과 같은 생활을 한다고 생각하기 쉬운데 그것은 잘못된 생각이다. 나는 물욕도 있고, 나름의 원칙을 지켜 미니멀라이프로 10억을 모았다."

　그의 말이 맞습니다. 부자인 미니멀리스트들은 의외로 굉장히 많습니다. 대표적으로 스티브 잡스가 있고, 영 리치인

롭 무어, 팀 페리스 등도 미니멀리즘에 대해 이야기합니다.

홍사장은 미니멀라이프로 돈이 모이는 라이프스타일을 확립했다고 합니다. 미니멀라이프를 통해 불필요한 것을 비우고 중요한 것에 집중하게 되니, 소비구조가 변경되어 저절로 돈이 모였다는 것입니다. 그는 비운 후의 삶을 행복, 돈, 사랑으로 채우기로 결심했고, 재테크에 집중해서 자산을 10억까지 불렸습니다.

여기서 눈여겨보아야 할 점은 세 가지입니다.

첫째, 그가 자신이 비운 후 채우려고 하는 것이 무엇인지 정확히 알았다는 것입니다. 간혹 비우기 자체가 목적인 미니멀라이프도 보게 됩니다. 이런 경우 비움을 위한 비움을 하며 타인들이 얼마나 비웠는지, 타인의 집에는 무엇이 없는지 비교 경쟁합니다. 사람들이 백화점에서 쇼핑을 하고 '쇼핑 하울(자신이 산 물건의 박스를 풀어헤치거나 나열하며 쇼핑한 물건을 자랑하듯 공유하는 행위)'을 하며 서로 경쟁하듯 쇼핑 품목을 자랑하는 것처럼, 비움 품목을 자랑하고 서로 비교하는 경우입니다. 이는 정말이지 미니멀라이프의 취지와 반대로 가는 삐뚤어진 미니멀라이프입니다. 미니멀라이프의 최대 장점은 '비교하지 않는 삶'이기 때문입니다.

비우기에만 집중하거나 비움의 목적이 없을 때 이렇듯 비교하는 현상이 생깁니다. 그래서 비움 후에 찾아오는 채움을 꼭 짚고 넘어갈 필요가 있습니다. 물론 꼭 비우고 나서 채워야 하는 것만은 아닙니다. 비움 자체로 배울 수 있는 것도 얼마든지 있습니다. 비움의 과정을 통해서 우리는 나 자신을 알게 되고, 사랑하게 됩니다. 하지만 비움에서 끝이 아닌, 다시 채울 것을 염두에 두면 '무한 비움 경쟁'에 빠지는 것을 방지할 수 있습니다. 홍사장은 자신이 채울 것에 대해 정확하게 알고 확실하게 행동했습니다. 그랬기에 자신만의 미니멀라이프를 제대로 즐길 수 있었습니다.

미니멀라이프는 단지 라이프스타일일 뿐

둘째, 앞서 말한 것처럼 그는 미니멀라이프를 즐겼습니다. 홍사장은 재테크로 돈을 많이 불렸습니다. 재테크를 위해서는 종잣돈 마련이 필수이지요. 그는 미니멀라이프를 통해 이 종잣돈을 즐겁고 수월하게 모을 수 있었다고 합니다. 보통 우리가 돈을 모으기 위해서는 절약을 해야 하고, 억지로 먹고 싶은 것, 입고 싶은 것, 사고 싶은 것을 참아야 하는 경우가 많습니다. 하지만 미니멀라이프는 이것을 억지로 하지 않게 해줍니다. 쓰지 않는 것에 대한 당위성이 생기기 때문입니다. 저 역시 미니멀라이프를 실천하기 전에는 그저 남들이 사면, 남들이 한다고 하면 쫓아서 따르는 소비를 해왔습니다. 하지만 미니멀라이프는 자신만의 기준을 가진 소비, 주체적인 소비를 할 수 있게 도와줍니다. 억지로 참고, 되도

삶을 변화시키는 마법, 비움 효과

록 안 쓰는 절약이 아니라 필요하지 않고, 사고 싶지 않으니 사지 않게 되는 것이지요. 미니멀라이프라는 간소하고 우아한 라이프스타일에서 나오는 자연스러운 절약입니다.

셋째, 자신만의 미니멀라이프를 확립했다는 것입니다. 미니멀라이프를 검소함, 하얀 인테리어, 물건 버리기 등으로 생각하는 경우가 많습니다. 하지만 미니멀라이프를 이렇게 대변되는 이미지에 가둬두고 생각할 수만은 없습니다. 그 이유는 미니멀라이프가 라이프스타일의 일종이기 때문입니다. 라이프스타일은 어떤 사람이 어떻게 추구하느냐에 따라 각양각색의 색을 갖습니다. 똑같은 미니멀라이프라도 어떤 사람의 미니멀라이프냐에 따라 그 색상이 확연히 달라집니다. 홍사장은 '재테크 미니멀라이프'라는 새로운 자신만의 미니멀라이프를 확립했습니다.

그는 마지막으로 이렇게 이야기합니다.

"돈을 벌려면 라이프스타일을 변화시키자. 매일 똑같은 옷을 입으면 안 되는 이유란 없다. 나는 미니멀라이프를 통해서 욕심이 열정으로 바뀌고, 삶의 불만이 만족으로 바뀌었으며, 잊고 있던 내 인생을 되찾고, 내일을 기다리며 설레는 삶을 살고 있다."

제가 홍사장의 이야기를 꺼낸 이유는 미니멀라이프로 돈

을 벌자는 것이 아닙니다. 어떤 이에게 미니멀라이프는 깔끔한 공간일 수 있고, 어떤 이에겐 검소하고 절약하는 삶이 될 수 있으며, 어떤 이에겐 단정하게 삶의 루틴을 잡아주는 것이 될 수도 있습니다. 또한 어떤 이에겐 언제나 홀가분하게 떠날 수 있게 해주는 것이기도 하고, 어떤 이에겐 지구를 살리고 나를 살리는 친환경적인 삶의 방식이 될 수도 있습니다. 미니멀라이프는 라이프스타일이기 때문에 천 개의 자아가 있다면 천 개의 미니멀라이프가 생깁니다. 비교하지 않고 천천히 비워나가다 보면 자신만의 미니멀라이프를 찾게 될 것입니다.

　　　　　　　　　　삶을 변화시키는 마법, 비움 효과

03

엘리트의 책상

공부할 시간도 부족한데, 언제 책상을 정리하나요?

제가 10년 전 처음으로 직장생활을 시작했을 때의 이야기입니다. 제 옆자리에 앉은 직장동료 J는 사내에서도 알아주는 엘리트였습니다. 최연소에 우수한 성적으로 입사해 많은 이들의 주목을 받았으며, 사회 초년생임에도 불구하고 맡은 바를 알아서 척척 해냈습니다. 그는 항상 아침 일찍 1, 2등을 다투며 출근했고, 이른 시간에 출근하면서도 완벽한 헤어스타일과 말쑥한 옷차림을 갖추고 있었습니다. 저는 그가 원래부터 타고난 완벽주의자일 것이라 생각했습니다. 하지만 그와 친해지고 난 후 그는 완벽한 사람이 아니며 자신을 이렇게 만든 것은 '작은 습관'의 힘이라는 이야기를 전해 들었습니다. 그를 이렇게 만든 그 작은 습관은 무엇일까요?

그는 원래 모범생으로 공부를 열심히 하는 축에 속했지만 그다지 만족할 만한 성과가 나오지는 않았다고 합니다. 그러던 어느 날 입시를 1년 앞둔 시점, 마음을 새롭게 다지고자 책상 정리를 시작했습니다. 다 썼지만 가지고 있었던 노트, 더 이상 나오지 않는 볼펜, 앞으로 보지 않을 것 같은 참고서를 버리고, 물건들을 가지런히 정리한 후 책상을 싹싹 닦아나갔습니다. 그 기분이 생각보다 상쾌해서 J는 매일 공부하기 전과 공부가 끝난 후 책상을 닦기 시작했고, 신기하게도 그 후로 성적이 많이 올랐다고 합니다.

말끔한 책상에서 공부를 하니 집중도 잘됐고, 공부하기 전과 후 책상을 닦는 행위가 공부를 본격적으로 시작하게 하는 마음을 다지게 해주고, 하루를 차분하게 마무리하게 해주어 여러모로 도움이 되었다고 합니다. J는 이전까지는 '공부할 시간도 부족한데 언제 책상 정리를 하느냐'고 생각했던 마음을 바꿔 계속해서 책상을 정리하고 닦는 습관을 유지시켜 나갔습니다.

1년 후 J는 원하던 학교, 원하던 학과에 진학했고, 대학 졸업 후에는 최연소로 원하던 직장까지 들어가게 됐습니다. J는 여전히 책상을 닦으며 하루 업무를 시작하고, 책상을 닦으며 하루를 마무리하는 습관을 유지하고 있습니다. 저는 처음 입사했을 때 제 옆이었던 그의 자리가 빈자리라고 착각했습니다. 그 정도로 그의 책상은 간소하고 말끔했습니다.

삶을 변화시키는 마법, 비움 효과

나는 왜 이렇게 정신이 없는 것일까?

"가득 찬 서랍장, 찬장, 상자, 넘치는 서류함, 이런 것들이 얼마나 우리의 금쪽같은 시간을 잡아먹는가. 프라이 호퍼 생산기술 및 자동화연구소의 연구 결과에 따르면, 사람들은 업무 시간의 평균 32퍼센트 정도를 물건을 찾는 데 소모한다. 그리고 그중 30퍼센트는 업무에 필요한 서류를 찾아 헤매는 데 쓴다. 이런 불필요한 소모 시간이 얼마나 림비의 짜증을 유발할지 상상할 수 있을 것이다."(『림비』, 베르너 티키 퀴스텐마허)

독일의 심리학자 베르너 티키 퀴스텐마허는 『림비』라는 책에서 복잡한 환경이 얼마나 림비를 혼란스럽게 하는지 이야기합니다. 림비란 대뇌변연계, 즉 '림빅 시스템(limbic system)'이라는 용어의 줄임말입니다. 행복과 불행, 기쁨과 슬픔, 쾌락과 고통 등 우리가 느끼는 모든 감정은 림비의 작용에 의해 일어납니다. 단순하지 않고 복잡한 시스템은 림비에 불행감을 안겨주며 그때 우리는 림비와 같은 감정을 느낍니다.

운이 따르는 책상을 만드는 법

지금 자신의 책상을 둘러봅시다. 어떤가요? 뒤죽박죽인가요? 혹시 당신의 인생은 어떤가요? 당신의 인생도 풀리지 않는 얽힌 실타래 같지 않은가요? 승진에 누락됐나요? 결혼할 것이라 생각한 사람과 헤어졌나요? 많은 돈을 잃었나요?

그렇다면 지금입니다. 지금이 당신이 책상을 정리할 순간입니다.

'그깟 책상 하나로 내 일이 풀리지 않는다고?'

'책상이 지저분해서 운이 없다고?'

그럴 리가 없다고 생각하나요? 정돈되지 않은 책상은 정돈되지 않는 삶을 만듭니다. 악순환의 일상이 거듭됩니다. 작은 책상 위에 방치된, 며칠 동안 치우지 않은 작은 컵 하나가 또 다른 지저분한 물건들을 하나둘씩 불러모으고, 그렇게 쌓인 물건들은 당신의 인생을 지저분하게 만들 일들을 끌어당깁니다. 우리의 일상에는 흐름이 있습니다. 그 흐름이 막히게 되면 운도 막히게 됩니다. 책상을 치운다는 것은 내 업무와 공부에 운을 터주는 행위입니다.

다음은 운이 따르는 책상을 만들기 위한 팁입니다.

1. 최대한 여백을 확보한다

"서재는 일이나 공부는 물론, 뭔가를 차분히 생각하거나 독서를 하는 이른바 '자신과 마주하는 공간'입니다. 서재에서 효율적으로 일을 해나가려면 먼저 책상 위가 깨끗하게 정리되어 있어야만 합니다."(『스님의 청소법』, 마스다 슌묘)

텅 빈 책상은 무언가를 해보고 싶게 만드는 묘한 매력이 있습니다. 텅 빈 책상 앞에 앉으면 마음이 차분해지면서 에너지가 생기고 여러 가지 영감들이 떠오릅니다. 최대한 여백을 만든 후 좋아하는 필기구나 향초 같은 취향이 가득 담긴 물건 한두 개만 올려놓아 보세요. 집(회사)에서 내가 가장 사랑하는 공간이 될 것입니다.

2. 매일 치운다

"다음 날에도 계속 같은 파일과 서류를 사용해야 한다면, 그날 일이 끝난 후에도 책상 위에 그대로 둔다는 사람이 꽤 있습니다. 하지만 그날 작업이 끝나면 일단 모두 정리합니다. 책상 위는 아무것도 두지 않은 상태가 가장 이상적입니다. 다음 날 아침, 새로운 기분으로 일할 수 있기 때문입니다. 책상이 한 번 정리된 상태라 '자, 시작해볼까.' 하는 기운이 솟아 새로운 기분으로 일에 임할 수 있습니다. 하지만 책상을 전날 상태 그대로 둔다면 '어제의 연속'이라는 기분이 들어 타성에 젖기 쉽습니다."(『스님의 청소법』, 마스다 슌묘)

저 역시 마찬가지입니다. 매일 비슷한 글을 쓰는 작업을 항상 같은 공간에서 '연속적'으로 하지만, 매일 저녁 작업이 끝나면 모두 정리합니다. 노트북을 닫아 한쪽으로 치우고 마우스, 마우스 패드, 필기구 등도 전용 파우치에 담습니다. 사실 이렇게 하는 이유는 남편과 같이 책상을 공유하기 때문입니다. 남편이 제 물건이 널려진 책상을 보면 기분이 좋지 않을 것 같아 치우기 시작했는데 저 역시 새로운 기분으로 다음 작업을 시작할 수 있어서 일석이조입니다.

3. 당장 떠날 수 있도록 준비한다

"사람은 자신이 자유롭다고 느낄 때 가장 행복하고 생산적이며 창의적이 된다."(『가장 단순한 것의 힘』, 탁진현)

요즘 디지털 노마드, 카공족이라는 말이 흔합니다. '디지털 노마드'는 장소에 구애받지 않고 자유롭게 일하는 사람이고, '카공족'은 카페에서 공부하는 사람들을 일컫는 말입니다. 이제 많은 사람들이 이렇게 자유로운 장소에서 자유롭게 일을 합니다. 자유로움의 가장 큰 근원은 '언제든 떠날 수 있다는 것'입니다. 노트북 가방 하나만 들고 언제든 가볍고 홀가분하게 떠날 수 있도록 책상의 짐을 간소화해보세요. 나의 집(회사)에 있는 책상이 어느 휴양지 해변의 썬베드, 어느 도시 카페의 한 공간이라고 생각하며 짐을 정리해본다면 정말 나에게 필요한 물건만 남길 수 있습니다. 내가 가진 물건이 빌려 쓸 수 있는 것인지, 대체 가능한 것인지, 어느 정도 빈도로 쓰이는 것인지 찬찬히 살핀 후 비우고 정리해봅시다. 언제든 떠날 수 있도록.

삶을 변화시키는 마법, 비움 효과

04

성공한 워킹맘의 서재

워킹맘이라도 모두 바쁘지는 않다

U는 두 아이를 가진 워킹맘입니다. 그녀는 항상 바쁜 삶이 당연한 것이라 여기며 살았습니다. 남편도 매일 야근인데다 출근도 빨라서 아침은 먹는 둥 마는 둥 물에 말아 해치웠고, 아이들은 어린이집에 밀어 넣듯이 겨우 등원시키고 정신없이 출근을 했습니다. 그리고 퇴근 후에는 숨 돌릴 틈 없이 아이들을 씻기고 먹이고 재우다가 자기도 모르게 함께 잠드는 삶이 일상이었습니다.

주변에서 도움의 손길을 받을 수 없는 워킹맘인지라 모두 이렇게 살겠거니 생각했습니다. 하지만 같은 부서의 같은 나이, 아이들도 비슷한 또래의 동료는 항상 여유로워 보였습니다. 당연히 친정 부모님이나 시부모님의 도움을 받고 있을 것이라 생각했는데, 그녀는 주말부부여서 남편의 도움은커녕 모든 일을 혼자 해내고 있었습니다. 어찌 보면 U보다 더한 상황이었지요. 그런데도 항상 여유롭게 출근하고 회사일도 거뜬하게 해내는 그녀가 부러웠지만, 차마 그 비결을 묻지 못했습니다. 왠지 모르게 자존심이 상하고 억울했다며 U는 저에게 상담을 요청해왔습니다.

많은 일을 하는데 전혀 피로해 보이거나 버거워 보이지 않는 자신만의 루틴이 잡힌 사람들, 삶의 밸런스를 잘 맞추며 사는 사람들의 비결은 무엇일까요? 그들은 여유를 넘어 삶의 깊이와 넓이를 자유자재로 즐기는 것처럼 보입니다.

그들의 시간은 24시간이 아니라 48시간인 걸까요? 우리는 정말 시간이 부족해서 바쁜 것일까요? 우리에게 48시간이 주어진다면 훨씬 많은 일을 더 잘 해낼 수 있을까요? 과연 그럴까요? 우리가 현재 정말로 효율적으로 시간을 쓰고 있다면 시간이 두 배로 주어졌을 때 두 배의 성과를 내는 것이 가능할 것입니다. 하지만 그렇지 않다면 시간이 더 주어진다 한들, 두 배가 아닌 세 배의 시간이 주어진다 한들 결과는 같을 것입니다. 다음 이야기가 당신에게 도움이 될 것 같습니다.

삶을 변화시키는 마법, 비움 효과

집안일을 모두 내 손으로 해야 한다는 생각을 버리자

B는 원래 평범한 전업주부였습니다. 살림하는 것도 좋아하고 육아도 적성에 잘 맞아 자신의 삶에 만족하면서 지냈다고 합니다. 하지만 남편의 사업이 기울자 B의 평온한 일상이 깨졌습니다. B는 그때 처음으로 자신이 나약한 존재임을 깨달았습니다. 뭐든지 해야 하는 상황이 닥치자 B는 자신이 할 수 있는 일이 무엇인지 돌아보았습니다. 그녀는 자신이 집안을 가꾸며 열심히 해왔던 셀프 인테리어에서 답을 찾았습니다. 창업자금 1500만 원으로 셀프 인테리어 관련 사업을 시작했고, 지금은 30억 원 규모의 사업체를 운영하는 어엿한 대표가 되었습니다.

어느 날 우연히 그녀의 집 앞을 지나다 연락을 했는데 때마침 집에 있다며 들렀다 가라는 답변을 받았습니다. 갑작스러운 방문이었지만 그녀는 개의치 않고 기쁘게 맞아주었지요. 처음 방문한 그녀의 집은 역시나 그녀와 닮아 있었습니다. 정갈하면서도 아늑했고, 군더더기 없이 심플했습니다. 여백이 있는 공간이었지만 인테리어 회사 대표답게 적재적소에 그녀의 취향이 가득 담긴 물건이 오브제처럼 놓여 있었습니다.

하지만 그녀의 진가는 여기에서 그치지 않았습니다. 그녀의 진짜 공간은 따로 있었습니다. 그곳은 그녀의 서재였습니다. 그녀의 서재는 그녀만의 짙은 향기가 느껴지는 곳이었습니다. 집안 전체에서는 가족 간의 따뜻함과 그녀의 편안함이 묻어났다면, 그녀의 서재에는 한 기업의 대표로서의 그녀가 있었지요. 차분하고 묵직한 공기와 극강의 심플함, 그녀의 서재는 집안의 다른 곳보다 더욱더 군더더기가 없는 공간이었습니다. 길쭉한 원목 책상과 사무용 의자, 책장이 가구의 전부였습니다. 특히 의외였던 것은 서재라는 명목이 무색하리만큼 책이 많지 않았다는 것입니다. 어른 팔을 벌렸을 때의 길이 정도의 고급 원목 책장 하나만 서재에 있었고, 책장도 빽빽하지 않았습니다. 하지만 책의 정리만은 확실히 되어 있었어요. 목공과 관련된 책, 사업에 관련된 책, 마케팅과 브랜딩에 관련된 책, 에세이나 외국 서적 등으로 나뉘어 있었지요.

의외로 책의 권수가 적다고 이야기하자 그녀가 대답했습니다.

"참고만 할 서적과 소장할 서적은 확실히 구분해. 우리 업계는 트렌드가 빨리 변하기 때문에 과거의 책을 붙들고 있기보다는 앞으로 나올 정보를 파고들어야 해. 물론 영구 소장할 만한 오래된 책을 통해서 영감을 얻기도 하지만, 그것 때문에 모든 책을 붙들고 있다간 새로운 아이디어에 오히려 방

삶을 변화시키는 마법, 비움 효과

해가 되어버려."

정말 궁금했습니다. 어떻게 그렇게 많은 역할을 해내면서도 집안을 이렇게 말끔히 관리하고 있는지.

사실 처음 그녀도 사업을 하겠다고 발 벗고 나섰을 때는 집안이 엉망진창이었다고 합니다. 항상 집안을 정갈하게 가꾸고 가족들에게 쾌적한 공간을 제공하는 것을 자부심으로 여겼던 B는 그것이 참 속상했습니다. 더 안타까운 것은 그러한 공간으로 인해 사업 실패로 기죽어 있는 남편과 아이들이 아내와 엄마의 부재를 느끼는 것이었습니다. 그렇지 않아도 어려운 상황 속에서 버티고 있는 가족들인데 집안까지 난장판이니 더 갈피를 못 잡고 휘청거렸습니다. 아이들의 방황으로 학교 선생님과 상담하기도 여러 번 했었다는 이야기를 그녀는 조심스레 털어놓았습니다.

B는 지금 이 순간 자신만은 흔들리면 안 된다는 생각이 들었습니다. 더 이상 안 되겠다 싶어 그녀는 아끼던 가구와 소품들을 많이 버렸다고 합니다. 아이들에게 다시 따뜻하고 깨끗한 공간을 만들어주고 싶은 마음에서였습니다. 자신이 전업주부일 때는 감당 가능한 물건들이었지만 지금은 관리할 수가 없어 애물단지가 되었으니 가차 없이 비워냈다고 합니다. 그리고 한 가지 더 결심합니다. 집안일을 아웃소싱하

기로. 그녀는 바로 알선업체를 통해 도우미 아주머니를 일주일에 한 번씩 오시도록 했습니다. 한 푼이 아쉬운 그 시점에 그것은 그녀에게 큰 결심이었을 것입니다.

하지만 그녀는 돌이켜봤을 때 그 당시에 했던 그 결심은 최고의 선택이었다고 이야기합니다. 엄마의 손길은 아니지만 일주일에 한 번이라도 도우미 아주머니가 오셔서 집안을 정리하고 청소해주시니 가족들도 한결 편안해 보였고, 무엇보다 자신의 가사 부담이 줄어 회사일에 열중할 수 있었고, 집에 와도 편히 쉴 수 있었습니다. 일주일에 한 번 누군가의 도움의 손길을 받는 것이 이렇게 큰 영향을 미칠 줄 미처 몰랐다고 B는 이야기합니다.

"삶을 컨트롤하고 시스템화하는 것에 답이 있어. 그것은 회사에서나 집에서나 마찬가지야. 물론 언제나 변수가 생기지. 그 변수를 줄이기 위해서 단순화해야 하는 거고. 물건을 버리면서 내 인생이 달라졌고, 집안일을 아웃소싱해서 회사와 가정, 대표와 엄마라는 직함 사이에서 삶의 균형을 맞출 수 있었어."

그녀는 물건을 줄임으로써 자신과 가족이 따뜻하게 보낼 수 있는 공간을 컨트롤하고 집안일을 아웃소싱함으로써 자

삶을 변화시키는 마법, 비움 효과

신이 없어도 집안이 무리 없이 돌아가도록 시스템화한 것입니다.

그녀가 어려움을 딛고 성공한 비결은 내가 통제할 수 있는 그 무엇을 놓지 않은 것에 있었던 것 같습니다. 힘든 상황에서도 적절한 선택을 하여 공간을 통제했던 것. 공간이 가진 힘을 믿었던 것. 그녀의 성공 비결은 거기에서 시작되었습니다.

05

대기업 CEO의 고백

"아이들이 집에 오려고 하지 않습니다"

이 이야기는 제 의뢰인인 C에 대한 이야기입니다. 그는 성공한 대기업 CEO입니다. 아내 역시 전문직 종사자이지요. 자녀는 셋이 있는데 모두 유학파에 사회적으로 잘 자리를 잡고 열심히 활동하고 있습니다. 하지만 그에게는 고민이 있습니다. 풍족하고 여유로워 보이는 성공한 삶을 사는 그가 무슨 고민을 가지고 있을까요?

그의 집이 문제였습니다. 그는 한 번도 마음 놓고 집으로 손님을 초대해본 적이 없다고 합니다. 비즈니스 관계가 발전하면 집으로 초대해서 식사해야 할 경우도 종종 생기기 마련인데 그럴 때마다 그는 참 난감했다고 합니다. 한번 손님 초대를 하려면 며칠 동안 집안을 청소해야 했고, 아내 역시 끙

장히 부담스러워해서 나중에는 되도록 집에서 손님 치르는 일을 피했습니다.

그는 정리 정돈을 좋아하는 성격입니다. 자신의 집무실은 먼지 하나 없이 깨끗하게 관리합니다. 하지만 집은 다릅니다. 집은 가족 모두의 공간이고 아내는 정리와는 담을 쌓은 호더(물건을 버리지 못하고 모아두는 일종의 강박장애를 겪는 사람)에 가까운 사람입니다. 정반대 성향을 가진 두 사람이 부부로 만나다 보니 트러블이 끊이지 않았습니다.

바쁜 출근 시간마다 물건이 어디 있는지 묻는 것으로 항상 싸움은 시작됐고, 아침마다 서로 얼굴을 붉히며 출근하기를 여러 번, 퇴근해서도 난장판인 집에 있는 것이 싫어 일부러 늦게 퇴근한 적도 많았다고 C는 고백합니다.

이제 와서 부인을 탓하고 싶지는 않다고 그는 이야기합니다. 다만, 지금 가장 고민인 것은 아이들입니다. 독립해서 생활하고 있는 아이들은 난장판인 집에 오기 싫어한다고 합니다. 가족 모임을 해도 바깥에서만 만나려고 하고 명절이나 특별한 상황이 아니면 방문을 꺼려할 정도로 집이 엉망입니다.

C는 아이들의 이런 모습을 보면 젊었을 때 자신의 모습을 보는 것 같아 원망하기도 어렵고 미안한 마음만 큽니다. 그는 정리와 청소 문제로 항상 다툼을 하던 자신의 모습이 부

끄럽습니다. 아이들이 지금은 자리를 잡고 일하고 있지만, 유학을 가기 전까지는 굉장히 긴 방황의 시절을 거쳤습니다. 자주 싸우던 부모의 모습이 좋지 않은 영향을 미치지 않았을까 죄책감이 듭니다.

여전히 아내는 버리는 것을 어려워하고 비움의 효과에 대해서 신뢰하지 않지만, C는 자신만은 변하고 싶어 용기를 내어 문을 두드렸다고 합니다.

작은 공간이 후에 큰 영향을 미친다

가화만사성이라고 했던가요? 완벽해 보이는 가정에 이런 고민이 있으리라고 누가 알았을까요? 부모도 편안함을 느끼지 못하는 가정에서 아이들이 어떤 감정을 느꼈을까요?

부부가 비움의 중요성을 조금만 더 일찍 깨달았더라면 아이들에게 집안일 때문에 싸우는 모습을 보여주지 않았을 텐데, 아이들이 항상 그리워하는 집이 되었을 텐데, 안타깝습니다. 집안이 더러운 것보다 더 문제인 것은 부부 사이에 라이프스타일이 맞지 않는다는 것입니다. 이는 다툼을 빈번하게 만들고, 아이들은 이것을 보고 자라게 됩니다.

성공한 이가 자신의 치부와 같은 이야기를 남에게 털어놓는 것은 쉽지 않습니다. 그럼에도 C는 저를 찾아와 다급함을 호소했고, 이 이야기를 알려도 상관없다고 했습니다.

"젊은 날 나는 성공하고 싶은 마음에 놓친 것이 많습니다.

집안일을 아내의 역할로만 생각하고 방치했던 게 가족관계에 좋지 않은 영향을 미친 것 같아요. 내가 정리 쪽에는 아내보다 재능이 있으니 좀 더 신경 썼으면 좋았을 거라는 생각이 듭니다."

제가 이 책을 쓰기까지 가장 큰 영감을 주었던 이가 의뢰인 C입니다. 젊을 적 방치했던 공간, 하찮게 여겼던 공간이 60세가 다 되어서야 뼈저리게 다가온다는 그. 비움의 효과는 나비 효과와 같습니다. 작은 비움이 큰 성공을 불러오고, 작은 방치가 큰 후회를 몰고 옵니다. 작은 공간이 후에 큰 영향을 미친다는 것을 우리는 알아야 합니다.

06

김장하다 도망간 며느리

"어머니, 저 글 좀 쓰고 올게요!"

몇 년 전 어느 추운 겨울, 시댁의 김장 날이었습니다. 안절부절못하던 저는 어머니께 조심스레 말씀드렸습니다. "저, 어머니. 저 글 좀 쓰고 올게요." 그러고는 곧장 카페로 향했습니다. 심장이 두근거려서 그 두근거림을 이기지 못하고 거의 뛰듯이 걸었습니다. 그날은 미약하지만 내 꿈에 대해 당당히 말하고 그에 대한 노력을 처음으로 시작한 날이었습니다.

사실 그날 아침에서야 김장을 한다는 것을 알았습니다. 고민이 되었습니다. 내가 세웠던 원래 계획대로 할 것이냐, 김장을 도울 것이냐. 그날은 미리부터 내 꿈을 위한 첫걸음을 시작하는 날로 정해둔 날이었습니다. 며칠 전부터 다이어리에 디데이를 적어놓고 꿈에 대한 계획을 세웠습니다. 그리

　　　　　　　　　　　　삶을 변화시키는 마법, 비움 효과

고 앞으로는 그 무엇보다 나의 꿈을 우선순위에 두기로 결심
했습니다.

저의 꿈은 작가였습니다. 아침에 일어나면 아이들 아침을
챙기고 매일 오전에 글을 쓰기로 마음먹었습니다. 그런데 하
필 그 시작이 김장 날과 겹칠 줄이야. 하지만 김장이라고 그
것을 이길 수 없었습니다. 결국 저는 계획을 실행하러 시댁
을 박차고 나왔습니다. 그냥 눌러앉아 김치를 버무릴 수도
있었지요. 하지만 꿈을 위해 첫발을 내딛는 시작부터 그렇
게 하고 싶진 않았습니다. 김장은 매년 하겠지만 제 꿈의 시
작은 다시없을 것이니까요. 지금 주춤하면 왠지 패기가 꺾일
것 같은 기분에 용기를 내어 시어머니께 말씀드렸습니다.

시부모님은 좋으신 분들입니다. 하지만 한국에서 며느리
가, 그것도 전업 작가도 아닌 며느리가 김장을 마다하고 글
을 쓰고 오겠다고 말하는 것을 받아주시는 것은 시어머님 입
장에서는 쉬운 일이 아니겠지요. 하지만 저는 그렇게 했고
다행히 승낙을 받았습니다.

그 용기는 비움에서 나온 것이었습니다. 비움을 시작하고
몇 년이 지나자 저는 이전과 많이 다른 사람이 되어 있었습
니다. 아무것도 하고 싶은 것이 없어 아무 일도 일어나지 않
는 세상에 살았던 전업주부가 김장을 마다하고 시댁에서 도
망쳐 나와 카페로 가서 글을 쓰다니.

비움은 저에게 이런 강단을 주었습니다. 선택과 집중을 하게 해준 것입니다. 비움은 제게 중요한 것과 중요하지 않은 것을 판단할 수 있게 했습니다. 그리고 그 판단에 대한 자신감을 가지게 했습니다. 과거의 저라면 꿈을 위해 해야 할 일을 미루고 김장을 도와드렸을 것입니다. 김치를 버무리는 동안 정신은 딴 데 가 있으면서도 그 자리를 지켰을 것입니다.

하지만 지금은 당당히 요구하는 사람이 되었습니다. "제 꿈을 위한 시간, 2시간만 주세요!"라고.

원하는 것이 분명한 사람이 되자

제가 몸담고 있는 '미니멀라이프 연구소'의 로고를 만들 때에도 비슷한 일이 있었습니다. 로고를 만드는 동안 디자인 전문가와 작업을 진행하면서 의견을 나눌 때마다 번호를 매겨가며 원하는 바를 조목조목 알렸습니다. 스스로 조금 깐깐하다 싶기도 했는데 상대편에서 이렇게 피드백이 돌아왔습니다.

"대표님은 원하시는 게 정확해서 작업이 너무 편합니다!"

순간, 기분이 좋으면서도 '어? 내가 언제부터 이렇게 명확한 사람이었지?' 하는 생각이 들었습니다.

사실 내향적인 성향인 저는 하고 싶은 말을 제대로 전달하지 못하고 속앓이를 할 때가 많았습니다. 그런 제가 많이 변했습니다. 물건을 비우기 시작한 지 어느덧 5년 차. 비움을 할 때마다 계속해서 자신에게 질문하며 내가 좋아하는 것은 무엇인지, 내가 원하는 것은 무엇인지, 내 가치관은 무엇인지 돌아보다 보니 이렇게 원하는 게 명확한 사람이 되어 있었습니다.

비움은 나에 대한 공부입니다. 내면 공부는 어느 곳을 가나 빛을 발합니다. 살다 보면 내가 누구인지 명확하게 알려야 할 때가 찾아옵니다. 그럴 때 필요한 것은 내가 어떤 사람이고, 내가 어떤 것으로 타인을 도울 수 있는지 정확하게 설명하는 것입니다. 그러기 위해선 나에 대해서 잘 알아야 합니다. 나의 욕구와 타인의 욕구의 접합점이 생길 때 자신의 영향력이 커집니다.

우리는 의외로 타인의 욕구와 대중적인 트렌드에는 관심이 많은 반면 자신의 욕구에 대해서는 잘 모르고 있습니다. 그것을 모르고 타인의 욕구만 쫓다 보면 허망한 삶이 됩니다. 자신을 찾아갈수록, 자신을 세상에 알릴수록 비움하길 참 잘했다는 생각이 듭니다. 비움을 통해 내 안의 소리를 명확히 듣고 행동하면 많은 부침이 있더라도 계속 나아갈 수 있습니다. 비움은 자신의 비전, 가치관, 취향이 명확한 사람, 그리고 흔들리지 않는 사람을 만들어줍니다.

디지털 노마드는 모두 미니멀리스트다

디지털 노마드의 필수조건

L은 해외에 살고 있으며 잦은 이사로 인해 고생이 많습니다. 이사를 할 때마다 매번 물건을 버리는 데도 금세 또 쌓이고 맙니다. 해외인지라 포장이사 개념이 없어 이사 때마다 짐을 싸느라 곤욕을 치르곤 합니다. 그렇게 갖은 고생을 하면서도 혹시나 하는 마음에 버리지 못합니다. 혼자 사는 그녀는 홀가분한 삶을 지향해왔습니다. 항상 여행하면서 무언가 도전하는 자유로운 영혼이라 자부해왔는데, 어느새 자신의 가치관과는 다른 삶의 무게가 오랜 시간 켜켜이 쌓여 있었다는 걸 알게 됐습니다.

예전엔 모든 것이 새롭고 도전해보고 싶은 것투성이였는데 요즘엔 사는 것이 재미가 없습니다. 사람들을 만나는 것도 즐겁지 않고 모든 것에 무감각해졌습니다. 출근하는 것도 점점 지치고 '그냥 이렇게 매일 같은 일을 하다가 나이를 먹고 늙어서 죽겠구나.' 하는 허무한 마음이 들었습니다. 자려고 누우면 '이렇게 자다가 죽어도 독거노인처럼 뒤늦게 발견되겠구나.' 하는 생각이 들곤 했습니다. 끝도 없이 먹먹한 마음이 들고 세상에 정말 나를 이해하는 사람이 없다는 생각이 드니 외롭기도 하고 슬프기도 했습니다.

더 이상 이렇게 살 수는 없다고 결심하자, 새로운 목표와 삶의 변화가 필요하다는 것을 느꼈습니다. 주변을 돌아보니 그간 정리되지 않은 물건이나 일들이 쌓여 있는 것을 보면서도 그냥 못 본 척해왔다는 것을 깨달았습니다. 물건은 그녀의 공간뿐만 아니라 삶의 의욕까지 갉아먹는 기분이 들었습니다. 그녀는 마음만 자유로움을 추구한다고 마음대로 살아지는 것이 아님을 깨닫고 비움을 실천하기 시작했습니다.

L은 조금씩 비워가면서 자신의 삶이 점차 자리 잡아가는 것을 느꼈다고 합니다. 퇴근 후 장보고 맛있는 요리하기, 넷플릭스에서 재미있는 드라마나 영화 보면서 저녁 먹기, 새로운 장소나 도시로 짧은 일상 여행하기, 오토바이 타고 드라이브하기, 헬스장에서 운동하기 등 자신의 순순한 즐거움으로 느꼈던 일들의 재미를 다시 느껴간다고 합니다.

어찌 보면 싱글로 홀로 해외에 살며 자주 여행을 하는 그녀, 디지털 노마드의 삶과 가깝다고 할 수 있습니다. 하지만 디지털 노마드에 적합한 상황과 성향을 가진 그녀도 짐 앞에 서는 어쩔 수 없이 몸과 마음이 묶이게 됩니다.

진정한 자유는 어디에서 오는가

디지털 노마드(Digital Nomad)는 프랑스 경제학자 자크 아탈리가 1997년 『21세기 사전』에서 처음 소개한 용어로 '시간과 장소에 관계없이 일하는 디지털 유목민'을 뜻합니다. 시간과 장소에 구애받지 않는 삶은 많은 이들이 원하는 삶이지요. 어쩌면 시간과 장소의 자유가 진정한 부(富)를 상징하는 게 아닐까요?

하지만 부자라고 해서 모두 시간과 공간에서 자유로운 것은 아닌가 봅니다. 『4시간만 일한다』에서 팀 페리스는 다음과 같이 이야기합니다.

"나는 빌 게이츠의 친구로 현재 개인 투자 회사와 농장을 경영하고 있는 천만장자의 아들을 알고 있다. 그는 지난 10년간 상근 요리사, 하인, 청소부, 그리고 지원 인력이 딸린 아름다운 집들을 사들여왔다. 각 타임 존마다 집을 한 채씩 소유하는 것에 대해 그는 어떻게 생각하고 있을까? '골칫거리'가 답이다. 그는 자기 집에서 자신보다 더 오랜 시간을 보내고 있는 일꾼들을 위해서 일한다는 느낌이 든다고 한다."

누구나 부러워하는 삶에도 그 이면에는 고충이 있습니다.

발길이 닿는 도시마다 자신의 집을 세운다 해도 그것이 진정한 자유는 아닌 것 같습니다.

많은 이들이 자유를 동경합니다. 부자들을 동경하는 이유도 그들의 자유로운 삶 때문입니다. 하지만 부자들 역시 너무나 많은 것을 소유했을 때는 그것으로 골머리를 앓습니다. 그렇다면 진정한 자유는 어디에서 오는 것일까요?

물론 많은 짐을 가지고도 열심히 이동하는 사람들도 있습니다. 대학 시절 인도 배낭여행을 갔을 때입니다. 저는 유럽과 미국에서 여행을 온 배낭여행자들이 가지고 다니는 짐을 보고 정말 놀랐습니다. 거의 제 키만한 배낭을 그들은 매일 들고 다녔습니다. 심지어 어떤 이들의 짐에는 베개까지 포함되어 있었지요.

반대로 인도 현지인의 삶은 간소했습니다. 현지인의 방에 배낭여행객들의 짐을 풀어놓으면 방은 순식간에 가득 찼습니다. 펼쳐놓은 짐을 하루 혹은 3일만에 싸서 그들은 다시 떠났습니다. 짐을 싸는 데도 한참이 걸렸지요. 그럼에도 그들은 열심히 떠나고 또 떠났습니다. 하지만 그들과 다르게 저는 여행 일정이 길어질수록 짐이 제 카르마(업)처럼 느껴졌고 내 여행을 느리게 만든다는 사실을 깨달았습니다. 그래서 하나씩 비워내기 시작했습니다.

그렇게 점점 배낭이 가벼워지는 여행을 하던 어느 날, 저는 낙타를 타게 됐습니다. 낙타를 몰아주던 인도인이 저에게 말했습니다.

"너는 참 짐이 많구나."

"응? 난 이것도 줄인 건데…."

"그래? 하지만 넌 이걸 알아야 해. 지금 네가 가지고 있는 물건은 네 것이 아니야. 신이 잠시 너에게 맡겨놓은 것이란다."

처음 이 말을 들었을 때 저는 역시 인도인다운 말이라며 웃어넘겼습니다. 하지만 그의 말은 제게 각인이 되어 쉴 새 없이 저를 비우게 만들었습니다. 인도 여행 말미에는 정말 가벼운 마음과 홀쭉해진 배낭으로 여행을 했습니다. 그 홀가분함에 반해 한국에 돌아오기 싫을 정도로 그 느낌은 강렬했지요. 물론 저는 다시 한국에 돌아왔고, 물건을 수집하는 원래의 나를 되찾았습니다. 한국에서 채움보다 비움을 추구하며 살기란 쉽지 않았습니다. 하지만 그 이후 항상 마음속에는 홀가분한 삶에 대한 갈망이 남게 되었답니다.

사실 물건 분량의 여부는 크게 상관이 없습니다. '나는 적은 물건으로도 살아갈 수 있으며, 어디든 떠날 수 있다'라는 자신감과 용기가 더 중요합니다. 이런 마음가짐이 있다면 자유는 한 발짝 나에게로 다가옵니다.

미니멀라이프와 디지털 노마드는 맞닿아 있습니다. 디지털 노마드는 한 곳에 정착하는 것이 아닌 유목민의 삶을 살

삶을 변화시키는 마법, 비움 효과

기에 많은 짐을 이고 지고 이동할 수 없습니다. 필연적으로 가벼워져야 합니다. 디지털 노마드의 전제 조건은 첫째 쉬운 이동, 둘째 디지털로 수입을 얻을 수 있는 능력입니다. 미니멀라이프는 디지털 노마드가 되기 위한 첫 번째 조건을 충족시켜 줍니다. 미니멀리스트가 모두 디지털 노마드는 아니지만 디지털 노마드는 모두 미니멀리스트입니다.

디지털 노마드가 되려면 대표적인 노마드인 몽골인들에게 힌트를 얻어야 합니다. 몽골인들이 평생에 걸쳐 소유하는 물건의 개수는 평균 삼백여 개라고 합니다. 그렇다면 우리가 평생 동안 소유하는 물건의 개수는 몇 개일까요? 자신의 방을 둘러보며 헤아려보세요. 쉽게 삼백 개를 넘길 것입니다. 그 많은 것을 끌어안고 혹은 그 많은 것을 버리고 당신은 쉽게 떠날 수 있을까요?

『떠남과 만남』에서 구본형은 이야기합니다.

"여행은 그러나 도피가 아니다. 우리는 돌아오기 위해 떠난다. 버리기 위해 떠나는 것이고, 버린 후에 되돌아오는 것이다. 여행을 통해 우리가 얻으려는 것은 없다. 오직 버리기를 위해 떠난다. 소유한 것이 많으면 자유로울 수 없다. 매일 걸어야 하는 사람에게는 배낭 하나도 무거운 짐이다. 무엇을 더 담아 올 수 있겠는가?"

인생이란 여행에서 우리는 너무 많은 것을 짊어지고 있는 것은 아닐까요?

비움에는 때가 있습니다. 하지만 때가 왔다고 해도 비움이 쉬운 것은 아닙니다. 비움은 이론이 아니고 실천이기 때문입니다. 그럼 어떻게 하면 쉽게 시작하고, 꾸준히 유지할 수 있을까요? 환경에 변화를 주어야 합니다. 우리를 변화시키는 시작은 마음이지만 그 완성은 환경입니다. 비움을 습관화시킬 수 있는 환경 속으로 자신을 밀어 넣어야 합니다.

2장

비워야

산다

01

순조로운 인생을 살고 있나요?

부정적인 감정이 주는 신호

종종 머릿속이 무겁게 느껴지거나 부정적인 생각이 들 때가 있습니다. 당신에게 부정적인 생각이 찾아든 이유는 무엇일까요? 그런 기분이 들 때 당신은 어떻게 행동하나요? 그냥 지나치나요? 아니면, 멈춰 서서 자신을 돌아보나요?

우리는 자신의 직감이나 감정을 곧잘 무시하곤 합니다.

'별일 아닐 거야, 그냥 피곤해서 기분이 나쁠 뿐이야.'

"부정적 감정은 행동하라는 요구다. 그걸 느끼면 당신은 뭔가를 해야 한다. 반면에 긍정적 감정은 적절한 행동을 했을 때 주어지는 보상이다."(『신경 끄기의 기술』, 마크 맨슨)

부정적 감정은 삶에 변화를 주어야 한다는 신호입니다. 하지만 우리는 그것을 무시합니다. 그렇게 하는 데에는 두 가지 이유가 있지요. 첫째, 자신의 감정을 인지하지 못해서. 직관의 중요성을 몰라서입니다. 둘째, 하던 대로 행동하는 것이 편해서. 인간은 관성을 좋아하니까요.

'순조롭다'의 사전적 의미는 '일 따위가 아무 탈이나 말썽 없이 예정대로 잘되어 가는 상태에 있다'입니다. 저는 요즘 인생에서 순조로움, 흐름, 방향성이 참 중요하다는 생각을 합니다. 다행히 지금의 저는 그런대로 순조로운 인생을 살고 있는 것 같아요. 항상 '되는 일이 없고, 나는 운이 없는 사람이다'라는 전제를 가지고 살았는데 참 신기한 일이지요. 제 삶이 순조로울 수 있는 이유는 비움을 통해 내면을 돌아보고 직관을 키우는 용기를 얻었기 때문입니다. 나 자신을 믿고 마음의 소리를 들으면 변화에 대한 용기는 저절로 따라옵니다.

순조로운 삶은 변화를 망설이지 않는다

"삶에서 가장 중요한 진실이 귀에는 가장 거슬리는 법이다."(『신경 끄기의 기술』, 마크 맨슨)

우리는 거슬린다는 이유로 진실을 외면하고, 행동하기를 거부하고 있지 않을까요? 부정적인 생각을 그저 누르기보다는 찬찬히 바라보고 음미하고, 그리고 변화해야 합니다. 순조로운 인생은 변화를 망설이지 않습니다.

"사람들은 세상을 바꾸겠다고 곧잘 얘기하지만, 어느 누구도 자기 자신을 바꿀 생각은 하지 않는다."(『마흔이 되기 전에』, 팀 페리스)

순조로운 삶의 기운은 당신이 일상에 대해 의미 있는 만족감을 느낄 때 찾아옵니다. 비움을 통해 내면을 돌아보고, 내 욕망에 대해 솔직해지며, 불필요하고 방해되는 요소들을 제거하고, 에너지 낭비 없이 내 꿈에 다가가고 있다면 당신은 순조로운 인생을 살고 있는 것입니다.

02

비움은 운명처럼 다가온다

"비우고 싶은데 어려워요"

상담자들에게 종종 이런 이야기를 듣습니다.

"비우고는 싶은데 어려워요."

"비워야 하긴 하는데 하고 싶은 마음이 생기질 않아요."

많은 이들이 비움을 어려워합니다. 그래서 이런 하소연을 합니다. 하지만 정말 비우고 싶다면 이런 마음이 들지 않습니다. 비우고 싶은데 그것이 행동으로 이어지지 않을 때 자신을 돌아보세요. 정말 비우고 싶은 것이 맞는지, 혹은 남들의 깨끗한 집을 보고 그저 따라 하고 싶은 것은 아닌지.

비움은 이론이 아니라 실천입니다. 전문가가 아무리 이론으로 무장하고 알려준다 한들 비움을 실천하지 않으면 아무

소용이 없습니다.

비움에는 때가 있습니다

모든 일이 그러하듯 비움에도 때가 있습니다. 비우지 않고는 더 이상 버티지 못할 때가 찾아옵니다. 가득 찬 세간살이와 살림 때문에 배우자와 항상 다툼을 할 때, 많은 물건들이 나를 압박해오는 느낌을 받을 때, 물건에 잠식당해 현재의 생활이 불가능할 때. 이런 때가 오면 누군가 시키지 않아도 저절로 물건을 비우게 됩니다.

아무리 많은 물건을 가지고 있더라도 가족들이 그것을 인정해주고, 삶이 불편하지 않고, 그 물건으로 인해 기분이 상하는 일이 없다면 물건을 버릴 필요가 없습니다.

생기지 않는 마음을 억지로 만들려고 하지 말고 때를 기다리세요. 다만, 그때를 잘 알아차리는 연습을 합시다. 일상 속에서 항상 부정적인 기운이 깔려 있다거나, 하는 일마다 꼬이는 기분이 든다면 그 시기가 온 것입니다. 그 느낌을 놓치지 마세요. 때는 주어지는 것이지만 그것을 알아차리고 행동에 옮기는 것은 당신의 몫입니다.

육아우울증에 걸려 매일 죽음을 생각하던 그때, 제가 만약 그날 작은 서랍을 비워내는 작은 행동을 실행하지 않았다면, 저는 여전히 남편을, 아이들을, 시부모님을 원망하며 살았을 것이고, 이렇게 글을 쓰며 타인을 돕지도 못했을 것입니다. 저는 때를 놓치지 않고 원망과 우울감을 비움이라는 행동으로 승화시켰습니다.

모든 일에는 다 때가 있습니다. 기다리고 알아차리세요. 그리고 행동하세요.

당신이 비우지 못하는 5가지 이유

"엄마처럼 살고 싶지 않아요"

H는 상담을 시작하자마자 이렇게 말했습니다.

"물건이 아닌 사람이 사는 집으로 만들고 싶어요."

어릴 적 겪었던 가정불화, 부모님과의 관계, 그 속에서 가장 인생의 걸림돌이 됐던 것은 지저분하고 정돈되지 않은 환경이었습니다. '나는 엄마처럼 살고 싶지 않다'라고 생각했지만, 어느 순간 집안을 둘러보니 엄마와 똑같은 모습으로 살고 있는 자신을 발견했습니다. 모든 것이 뒤섞여서 문조차 닫히지 않을 정도로 꽉 차 있는 서랍, 냉장고에는 뭐가 들었는지도 모르겠고, 옷장에는 계절 상관없이 모든 옷들이 뒤섞여 있었습니다.

'아, 나도 엄마랑 똑같구나.'

그러자 불안하고 무기력했습니다. 나도 모르게 깔끔하게 정돈된 삶을 사는 사람에 대해 부정적으로 이야기하곤 했습니다. "그 사람 그렇게 깐깐해서야 주변에 사람이 있겠니? 그렇게 집안을 번쩍거리게 만들려면 하루 종일 집안일을 해야 할 거야. 굳이 그렇게 피곤하게 살 필요가 있을까?"

사실 그것은 부러움과 질투가 투영된 반응이었습니다. 그녀는 더 이상 도망치고 싶지 않았습니다. 어쩔 수 없다는 생각으로 좌절, 체념으로 살며 핑계 대기는 싫었습니다. 나는 엄마와 다르다는 것을 증명하고 싶었습니다.

그녀는 비움을 제대로 해내서 진정 자신이 원하는 모습을 찾고, 그 과정을 통해서 만족감과 성취감을 느끼기를 바랐습니다. 일상의 소중함을 챙기며 그 안에서 만족, 행복을 찾고, 사실은 그녀가 질투하고 흉봤던 사람들처럼 되길 원했습니다.

우리가 버리지 못하는 여러 가지 이유

우리는 우리의 과거와 현재에서 오는 불안, 버거움, 트라우마 등으로 물건을 버리지 못합니다. 우리가 버리지 못하는 이유는 우리 인생의 스토리와 맞닿아 있습니다.

버리지 못하는 데에는 여러 가지 이유가 있지만, 다음 다섯 가지 경우로 크게 분류할 수 있습니다. 자신이 어느 쪽에

해당하는지 깨닫는다면 훨씬 비우기가 수월해지고 자신에 대해서도 알게 되는 계기가 될 테지요. 어떤 분은 비움을 하며 자신의 어릴 적 트라우마를 깨닫고 그것이 치유되었다고도 하고, 어떤 분은 자신이 비우지 못하는 이유를 깨닫고 남편과의 잦은 싸움이 줄었다고도 합니다. 우리가 무언가를 시작할 때 나를 알고 시작하는 것은 그렇지 않은 것과 천지 차이입니다. 자신에 대해 돌아보지 못하면 비움의 시작은 금방 멈추게 될지도 모릅니다.

당신이 버리지 못하는 이유 첫 번째
"돈이 아깝다."
'물건=재산'이라고 생각하는 경우입니다. 이런 경우, '버리기=낭비'라고 판단합니다. 이런 분들은 물건을 버릴 때 돈을 버리는 기분이 듭니다. 뼈 때리는 말이 될지 모르겠지만 물건은 절대 재산이 될 수 없습니다. 감가상각하는 소비재일 뿐입니다. 물론 중고물품을 팔면 돈이 될 수도 있겠지만 중고거래 한 번이라도 해본 분들은 아실 거예요. '내가 안 팔고 만다'라는 내면의 소리가 수십 번 들린다는 것을.

중고 판매로 돈 남기는 것도 쉬운 일이 아니지요. 게다가 중고가 되자마자 가격은 절반 이하로 떨어진다는 사실! 사지 않았다면 100% 내 돈인데 중고로 팔면 50% 이하! 이제 물건이 재산이던 시절, 과시용이던 시절은 이미 지난 지 오래입니다. 오죽하면『매일 같은 옷을 입는 사람이 멋진 시대』라는 제목의 책이 나왔을까요?(이 책은 미니멀라이프 책이 아닌 시대적 트렌드를 분석한 책입니다.)

당신이 버리지 못하는 이유 두 번째
"언젠가는 필요할 것이다."

사실 이전 1년간 사용하지 않은 물건은 앞으로 1년간 역시 사용하지 않을 가능성이 거의 100%입니다. 이런 분들은 '언젠가 필요할 때 다시 사야 하면 돈이 아깝지 않을까?' 하고 생각합니다. 하지만 그러한 물건이 계속 쌓여간다면 어떨까요? 1년에, 2년에 혹은 3년에, 거의 평생 한 번 쓸 물건을 평생 짊어지고 산다는 것, 조금 끔찍하지 않나요? 그 한 번을 위해 계속 그 물건을 위한 공간을 마련해주어야 하고, 시간을 내어 관리해주어야 한다는 것이.

그 공간의 가격과 관리에 들이는 나의 시간에 대한 가치를 생각해봅시다. 어떤 것이 옳은 선택일까요? 계속 끌어안고 가는 것? 과감히 비우는 것? 만약 그 물건이 당신에게 그 어떤 긍정적 감흥을 불러일으켜주지 않는데도 그저 언젠간 필요할 것이라는 이유로 가지고 있다면 답은 더 쉽게 나올 것입니다.

정말로 필요한 물건인지, 빌려 쓸 수는 없는지, 대체 가능한 물건은 없는지, 남겨야 할 이유보다 남기지 않아도 되는 이유를 먼저 타진해봅시다.

　　당신이 버리지 못하는 이유 세 번째
　　"내 선택을 후회하기 싫다."
　　이것은 '물건 선택력=나의 능력'이라고 생각하는 경우입니다. 즉, 적절한 물건을 골라서 잘 사용하는 것이 내 능력이라고 생각하는 것입니다. 물론 물건을 선택하는 것이 능력인 것은 맞아요. 하지만 이 능력에 당연히 추가되어야 할 것이 버리는 능력입니다. 우리는 모든 물건을 완벽하게 구입할 수는 없거든요(우리는 인간이니까요!). 버리기를 통해서 내 선택이 잘못됐다는 걸 인정하고, 이를 다시 좋은 물건을 고르는 발판으로 삼아야 합니다. 버리기 과정이 없다면 계속 잘못된 물건을 구입하는 것을 반복하게 됩니다.
　　버리기 전에 필수로 거치게 되는 것이 '물건 구입 과정'의 복습입니다. '귀중한 내 돈으로 소중하다고 생각될 만한 물건을 구입했는데 왜 버리게 됐을까?' 이렇게 구입 과정을 돌아보는 것은 앞으로 '사놓고 버리는' 물건을 다시 사게 되는 실수를 줄여줍니다.

　　당신이 버리지 못하는 이유 네 번째
　　"지구에게 죄책감이 든다."
　　물건을 버리는 것, 물건을 계속 생산해내는 것, 둘 중 무엇이 환경오염에 더 영향을 줄까요? 당장은 물건을 버리더라도 앞으로 더 이상 쓸모없는 물건을 사지 않아야 과도하게 물건이 생산되는 것을 막을 수 있지 않을까요?

당신이 버리지 못하는 이유 다섯 번째
"추억의 물건이다."
저 역시 추억을 소중히 여기는 사람입니다. 30년 가까이 된 물건들을 여러 개 가지고 있습니다. 지금 남긴 것보다 훨씬 많은 양의 추억의 물건들이 있었지만 전부 다 남길 순 없으니 고르고 골라 소수만 남긴 후 정성껏 손질하며 보관하고 있답니다.
저는 아빠가 초등학교 졸업식 때 사주신 치마를 아직도 가지고 있습니다. 그 당시 재킷, 블라우스, 치마, 스타킹까지 백화점에 함께 가서 손수 골라주셨는데 그 따뜻했던 추억이 좋아서 버리지 않고 모두 남겨두었습니다. 그런데 어느 날, 옷장을 정리하다가 소중했던 옷들이 망가져 있는 것을 발견했어요. 재킷에는 곰팡이가 피어 있고 치마에는 꾸깃꾸깃한 주름이, 블라우스와 스타킹은 누렇게 변색이 되어 있었습니다. 왠지 소중한 추억까지 바랜 것 같아 마음이 좋지 않았지요.
'이래선 안 되겠다. 추억을 잘 간직해야겠다'라는 마음에 치마만 남기고 모두 버렸습니다. 남긴 치마는 입지는 않아도 매해 드라이클리닝을 하고 다림질을 해 옷장에 예쁘게 걸어놓고 가끔 꺼내봅니다.

추억도 물건과 마찬가지로 모두 남길 수는 없습니다. 그랬다가는 추억이 현재를 잠식할 테니까요. 추억을 켜켜이 쌓아두는 것보다 그것을 선별하여 예쁘고 정성스럽게 보관하고 아껴주는 것이 진정 추억을 사랑하는 방법입니다.

그럼에도 우리가 비워야 하는 이유

어찌 보면 버려야 하는 이유는 버리지 못하는 이유와 같습니다. 어떤 이는 낭비가 될까봐, 후회할까봐, 물건을 잘 사용하려고, 환경에 대한 죄책감으로, 추억이 사라져버릴까봐 버리지 못하지만, 어떤 이는 낭비하지 않으려고, 후회하지 않으려고, 물건을 잘 사용하려고, 환경에 대한 죄책감이 들지 않으려고, 추억을 소중하게 간직하기 위해 버립니다.

비우게 되면,
1. 사고 나면 아까워질 물건은 더 이상 사지 않게 돼서 낭비가 줄어듭니다.
2. 남겨진 물건의 소재파악이 쉬워져 더 잘 활용할 수 있습니다.
3. 잘못된 선택으로 사는 물건도 줄어듭니다.
4. 지구환경에도 도움을 줍니다.
5. 추억을 더 자주 상기할 수 있습니다.

당신이 버리지 못하는 이유를 찾으셨나요? 이제는 비워야 하는 이유를 찾아보세요. 그 이유를 찾게 되면 비움을 통해 여러 가지 이익과 긍정적 효과를 얻을 수 있답니다.

04

억지로 노력해서는 절대로 안 된다

노력에 대한 몇 가지 오해

최근에 재미있는 이야기를 들었습니다. 한국에 유학 온 중국인 유학생의 말입니다.

"한국 학생들은 정말 잠을 안 잔다. 그들의 방은 밤새 불이 꺼지질 않는다. 그래서 그들이 공부를 잘하는 것 같다. 그런데 아마도 그 원동력은 한 집 건너 하나 있는 커피 전문점인 것 같다."

아마도 우리나라 사람들의 '노력형 삶'이 그들에게는 신기하게 보였나 봅니다.

'노력'이란 무엇일까요? '노력'의 사전적 의미는 "목적을 이루기 위하여 몸과 마음을 다하여 애를 씀"입니다. 그럼 '애쓰다'의 의미는 무엇일까요? '애쓰다'의 사전적 의미는 "마음과 힘을 다하여 무엇을 이루려고 힘쓰다"입니다. 무언가를 위해 마음과 힘을 다하는 것, 그것을 위해 힘쓰는 것. 어느 하나 부정적인 의미 없이 건전하게 느껴지는 뜻풀이입니다. 문제는 우리가 '노력'의 의미를, '애쓰다'의 의미를 오해하는 데에서 생깁니다.

미니멀리스트로서, 비움을 생활화한 지 5년, 주변에서 어쩜 그렇게 집을 깔끔하게 유지하고, 새벽에 일어나서 바른 생활의 루틴을 유지하는지 궁금해합니다. 그러면서 추가로 묻습니다.

"힘들지 않아요? 그렇게 사는 것 피곤하지 않아요?"

저는 사실 이 질문을 받을 때 굉장히 의아해합니다. 그리고 당황스럽습니다. 왜냐하면 상대방이 원하는 것과는 정반대의 대답을 해줘야 하기 때문입니다. 아마도 질문자는 '힘들긴 하지요'나 '힘들어도 하는 거지요.' 등의 대답을 바랐겠지요.

하지만 저는 일말의 힘듦 없이 이 삶을 유지하고 있습니다. 저는 비움의 과정 자체를 즐깁니다. 비움을 통해 느낄 수 있는 공간의 후련함, 마음의 홀가분함, 내적인 충만함, 나에 대한 믿음, 타인에 대한 사랑 자체를 즐기기에 몇 년째 이 삶을 유지하고 있습니다. 과정을 즐긴다는 것을 넘어 어떨 때는 황홀하다는 생각까지 들 정도입니다. 그렇기에 5년이나 이 생활을 유지해왔고, 앞으로도 계속 이렇게 살아갈 것을

비워야 산다

다짐합니다.

　많은 양의 비움을 하다 보면 가끔 신체적으로 조금은 피곤할 때도 있지만 그 피로는 제가 얻는 과정적 즐거움과 결과의 충만함으로 충분히 넘어설 수 있는 정도입니다. 만약 너무나 피로해서 그 괴로움이 즐거움을 넘어선다면 저는 바로 비움을 중단할 겁니다.

　괴로우면서도 억지로 해나가는 것. 여기에는 정말 각고의 힘듦과 노력(여기서 말하는 노력은 앞서 언급한 사전적 의미의 노력과는 다릅니다. 억지로 하는 것을 의미합니다)이 필요합니다. 이것은 정말 좋아하는 일을 하는 것보다 몇 배의 노력이 들어가는 일입니다. 제 경우에는 힘든 일을 억지로 하는 데에는 좋아하는 일을 하는 것보다 세 배의 노력이 들어가더군요. 쉽게 말하자면 싫어하는 일 한 가지를 하고 나면 좋아하는 일 세 가지를 못하는 것과 같습니다.

　저는 철저히 제가 좋아하는 일을 하려고 노력합니다. 이것을 단순히 쾌락만을 추구하는 것으로 보아서는 곤란합니다. 신체적, 정신적 노동을 하지만 그것에 부정적인 에너지를 끼워 넣지 않는다는 의미로 보면 됩니다.

　이렇게 자신이 좋아하는 일을 철저히 추구하는 삶을 살려면 자신의 내면에 대해, 잠재의식에 대해 잘 알아야 합니다. 비움을 통해 내면과 자주 만나는 시간을 가지면 자신이 진정 좋아하는 일을 알게 되고, 그것만 추구하겠다는 용기와 자신감이 생깁니다. 그리고 힘듦이 힘들지 않게 됩니다.

억지로 노력하는 것은 결과적으로도 좋지 않은 결과를 가져옵니다. 생각해봅시다. 자신의 일을 진정으로 좋아하면서 자연스럽게 그 일에 몰두하는 사람을 억지로 이 악물고 노력하는 사람이 이길 수 있을까요? 억지로 하는 것을 성의를 다해 5년 이상 할 수 있을까요? 억지 노력은 할 수도 없고 해서도 안 됩니다.

여기서 가장 중요한 것은 자신에 대해 아는 것입니다. 물건을 하나하나 비워가면서 자기 자신과 마주해보세요. 내가 왜 이 물건을 샀는지, 내가 왜 이 물건을 버리려고 하는지, 반대로 왜 이 물건은 버리지 않고 남기려고 하는지 하나하나 되짚어보세요. 그렇게 하다 보면 자신을 찾게 됩니다. 물론 짧은 시간에 이루어지는 일은 아닙니다. 비움을 통해 자신을 찾는 것은 다른 방법보다 시간적인 측면에서 비효율적으로 보일 수도 있어요. 하지만 그 성과는 단단하고 확실합니다.

저에게 비움을 하고 싶지만 어렵다고 말하는 이들도 그 성과에 대한 믿음은 있지만 실행하기가 쉽지 않음을 알기에 이렇게 묻는 것이라 생각합니다. 하지만 그 마음을 이기고 집중적으로 비움을 시작한다면, 그 과정에서 오는 즐거움과 결과적 만족은 제가 장담할 수 있을 정도로 확실합니다.

비워야 산다

그럼에도 불구하고 비움이 어렵다면 억지로 노력하지 마세요. 억지로 하게 되면 안하느니만 못한 결과가 나타납니다. 억지로 하느니 차라리 아웃소싱을 하시는 것을 추천드립니다. 물론 자신의 공간을 스스로 관리하는 것이 가장 좋지만, 시간도 없고 그 일을 하는 것이 너무 힘이 들고 억지스럽다면 그냥 두지 마시고 아웃소싱하세요. 내면의 소리를 듣고 싫어하는 일은 대체하고 자신이 좋아하는 일로 가득 찬 삶을 즐기시길 바랍니다.

좋아하는 일만 하고 삽시다

얼마 전 이런 질문을 받은 적이 있습니다. "운을 끌어당기기 위해 어떠한 노력을 하고 있나요?" 저는 "하고 싶지 않은 일은 하지 않습니다. 하고 싶은 일을 합니다"라는 대답을 했습니다. 그에 대해 질문자는 "그럼, 매일 나이트만 가나요?"라는 반문을 했지요.

'하고 싶은 일=쾌락'이라는 생각을 하기에 이런 반문을 했으리라 생각합니다. 쾌락의 의미를 찾아볼까요?

1. 유쾌하고 즐거움. 또는 그런 느낌.
2. 감성의 만족, 욕망의 충족에서 오는 유쾌하고 즐거운 감정.

제가 하고 싶은 일을 선택할 때 1번의 의미를 중시한다면,

질문자가 이해한 것은 2번이었던 것 같습니다. 하고 싶은 일에는 분명 쾌락적인 요건도 들어가지만, 그것이 전부는 아닙니다. 제가 추구하는 '하고 싶은 일'에는 과정과 결과의 만족이 모두 포함됩니다. 나이트를 가서 놀 때는 한순간 즐거울 수 있지만 밤새 놀고 아침이 되었을 때 허망함이 찾아오지요. 과정은 즐거우나 결과는 텅 빈 느낌입니다. 그래서 좋아하는 일에 포함되지 않습니다.

보통 좋아하는 일을 추구한다고 하면, 욜로족이나 쾌락주의자로 보는 사회적 분위기 때문에 "나는 좋아하는 일을 한다!"라고 자신 있게 말할 수 없는 게 아닐까요? 하지만 좋아하는 일을 하는 것은 절대 나쁜 것이 아닙니다. 오히려 현명한 것입니다. 반면 좋아하지 않는 일을 하는 것은 승산 없는 게임이나 마찬가지입니다(물론 꼭 승패를 가르는 일만 있는 것은 아니니 이는 가치관에 따른 선택입니다).

앞서, '좋아하지 않는 일은 대체시키고 좋아하는 일을 하라'는 말씀을 드렸지요? 하지만 우리에겐 싫어하는 일도 해야만 하는 상황들이 생깁니다. 인간이라면 태어나면서 맞이하게 되는 역할들이 생기고 그 역할에 대한 책임도 갖게 되니까요. 자식으로, 부모로, 형제로서의 소임은 물론 생계를 위해 직업적 책임을 다해야 할 때도 있지요. 자연스럽게 생기는 이런 역할들이 나와 맞는다면 좋겠지만 그렇지 않은 경우도 다수 있습니다. 이럴 때는 어떻게 해야 할까요?

여기에는 세상을 긍정적으로 보는 시선이 필요합니다. 예를 들어, 저는 육아를 좋아하지도 잘하지도 않는 엄마입니다 (모성이 타고나는 것이라는 말은 굉장한 오해이며, 이는 엄마들을 더욱 힘들게 하지요). 그래서 열심히 육아 공부를 했습니다. 수십 권이 넘는 육아서를 읽었고, 육아 강의를 쫓아다녔으며, 주변 엄마들에게 육아 정보를 수소문했어요. 하지만 여전히 저는 육아가 힘들었고, 잘하지도 못했고, 하고 싶지도 않았습니다. 그렇게 동분서주하며 다니던 어느 날 저는 문득 이런 생각을 했습니다.

　"세상의 모든 일에는 다 이유가 있다."

　힘든 일이건, 쉬운 일이건, 좋아하는 일이건, 싫어하는 일이건 나에게 이 일이 오는 것은 무언가 깨달음을 주려고 일어나는 겁니다. 그 깨달음을 알아차리는 것과 혹은 그냥 지나치는 것은 내가 받아들이기 나름입니다.

　이 사실을 받아들인 후 신기하게도 저의 육아는 많이 수월해졌습니다. 그리고 최근에는 육아를 통해 제가 굉장히 성장하는 것을 느낍니다. 아이만 키우는 것이 아니라 아이를 키우며 제가 성장한다는 느낌. 아이와 함께 큰다는 것은 인생을 굉장히 충만하게 만들었지요.

　이렇게 긍정적으로 인생의 사건들을 바라보기 시작하자 제가 쉽게 할 수 있는 일의 스펙트럼이 늘어났습니다. 즉, 역지로 하는 일들이 줄어들기 시작한 것이죠. 전 같으면 '왜 해야 하지?' 했던 일들이 나를 성장시키는 일들로 변했으니까요.

하지만 이렇게 시선을 변환시켜도 하기 싫은 일도 있습니다. 그런 일은 분. 명. 히. 그만두어야 합니다. 그렇지 않으면 사는 게 사는 것 같지 않을 테니까요. 결론은 '하고 싶은 일을 하고 살자, 하고 싶은 일을 찾자, 긍정적인 시선으로 세상을 바라보자!'입니다.

05

공간을 통제하라, 그리고 삶을 통제하라

공간이 자존감에 영향을 미친다고요?

여기에 각기 다른 나이와 다른 환경에서 사는 두 사람이 있습니다. 그녀들은 각자 자신만의 고민과 문제를 안고 살아가는 것처럼 보이지만 공통점을 가지고 있습니다. 그것은 무엇일까요?

E는 작은 집, 지저분한 집이 '어쩔 수 없는 것'이라 치부했습니다. '작은 집에서 아이들과 함께 복닥거리며 살면서 이정도면 양호하지 않아?'라고 말했습니다. 하지만 생각과는 달리 당당하게 지인들을 초대하지 못했습니다. 어느 날 문득 '내가 왜 이렇게 살아야 하지?'라는 생각이 들었습니다.

그즈음 지인이 자신의 집이 지저분하다고 흉을 봤다는 이야기를 들었습니다.

"옆집 사는 ○○ 엄마가 너희 집 지저분해서 아이 데리고 놀러 가기가 꺼려진다고 흉보더라. 이제는 그 엄마 초대하지 마."

대체 왜 그런 무례한 뒷담화를 들어야 하는지 분노가 치밀었지만 따질 수 없었습니다. 자신도 항상 마음에 담아두고 있던 문제였기 때문입니다. 공간에 대한 개선, 나 자신에 대한 자존감을 회복하고 지인들도 아무 때나 편하게 차 한 잔마실 수 있는 애정 있고 여백이 있는 공간과 삶을 만들어보고 싶다는 생각이 스쳤습니다.

50대에 들어선 I는 요즘 화가 자주 치밀고, 불안과 분노의 감정이 복합적으로 찾아오곤 합니다. 거기다 사춘기 아들과의 트러블 때문에 자주 가슴이 답답해집니다. 공간이라도 내 마음대로 된다면 좋으련만, 집도 엉망진창입니다.

"이 나이가 되어서도 내 마음대로 되는 것이 하나도 없다는 것이 저를 지치게 만드네요."

그녀들은 모두 삶을 이끄는 통제력에 관해 문제를 가지고 있습니다. 통제력이 중요한 이유는 이것이 우리의 자존감과 연결되기 때문입니다. 특히 공간의 영향을 많이 받는 편인 여자들은 좋은 공간에서 시간을 즐길 때, 그리고 그것이 자신의 힘으로 조절이 가능할 때 자존감이 상승합니다. 아래 C

의 이야기를 들어볼까요?

C는 무언가 쫓기며 사는 일상이 아닌, 여유 있는 삶을 꿈꾸었습니다. 그녀는 어느 날 결심합니다. '한 공간만이라도 깨끗하게 만들어보자!' C는 그곳을 주방으로 정했습니다. 그녀는 곧장 주방 식탁을 닦았습니다. 그리고 그 여세를 몰아 싱크대도 반짝거리게 만들었습니다.

주방의 식탁과 싱크대만 닦았을 뿐인데 그 공간이 주는 힘은 상당했습니다. '이 작은 행위가 나에게 이렇게 큰 홀가분함과 기쁨을 주다니….' 당장 무언가를 이룬 것은 아니지만, 그토록 바라면서도 실행하지 못했던 것을 해냈다는 생각에 기뻤습니다. 자신이 원하는 인생으로 한 발짝 다가간 것 같은 기분이 들었습니다.

C는 여전히 매일 식탁과 주방을 닦으며 하루를 마무리합니다. 내 마음을 닦듯, 하루의 마무리를 잘했다며 토닥여주듯.

통제가 가능한 공간에 산다는 것

집을 가격이나 소유의 개념으로 보는 것이 아닌, 온전히 내가 통제 가능한 공간이라는 개념으로 바라본 적이 있나요? 공간을 통제한다는 것은 어떤 의미일까요?

제가 처음 비움을 시작하게 된 것도 이 통제와 관련이 깊습니다. 비우기 전 저는 물건 정리에 심취해 있었습니다. 어떻게든 많은 물건을 좁은 공간에 테트리스하듯 끼워 넣으려고 애를 썼지요. 하지만 아무리 잘 정리하고 집어넣어 숨긴다고 해도 물건의 개수가 많다 보니 물건을 관리하기가 힘들었습니다. 그 당시 신혼이던 저는 정말 아무것도 하지 못하고 직장생활과 살림만 하느라 그 좋다는 시기를 다 보내버렸어요. 제대로 된 여행도 한 번 못 간 채.

하지만 지금은 다릅니다. 상담을 하고, 글을 쓰고, 유튜브를 촬영하고, 여러 가지 프로젝트를 운영하고, 아이 둘을 키우면서 여행도 틈틈이 즐깁니다. 어떻게 그것이 가능할까요? 비워냈기 때문이지요.

사실 관리만 가능하다면 아무리 많은 물건을 소유해도 문제가 되지 않습니다. 물건 관리가 가능하다는 것은 공간을 통제할 수 있음을 의미합니다. 물건 소유의 기준은 타인과의 비교가 아닌 자신의 '통제 가능성'이라고 보면 됩니다. 물건이 어디에 있고 얼마만큼 있는지 파악 가능한가를 따져보면 자신이 소유하는 데 적정한 물건의 개수가 자연스레 정해집니다.

만약, 소금이 있는 줄 모르고 소금을 또 산다거나 옷장 구석에 입지도 않은 새 옷이 발견된다면 당신이 감당하지 못하는 수준의 물건을 가지고 있다는 증거입니다.

저는 인생 중 가장 힘들었던 시기인 육아우울증을 겪었던

비워야 산다

때, 제 삶과 감정이 통제 불가능하다고 생각했습니다. 너무나 힘든 상황에 내 감정은 물론 주변의 모든 것들을 통제할 수 없고, 내 의지대로 되는 건 아무것도 없다고 생각했었지요. 그러다 우연히 미니멀라이프를 접하고 돌연 비워내기 시작했습니다. 깔끔하고 가벼워진 공간이 하나씩 늘어가면서 공간의 힘을 느꼈습니다. 내 마음대로 아무것도 되지 않는 상황에서 내가 무언가를 통제할 수 있다는 것은 정말 큰 기쁨이었습니다. 깨끗한 공간만큼 내 인생도 깨끗하게 만들고 싶다는 생각이 피어나기 시작했습니다.

공간을 통제할 수 있다는 것이 무언가를 해낼 수 있을 것이라는 긍정 기운과 자존감을 높여주었습니다. 그저 답답해서 시작한 비움을 통해 엄청난 것을 얻은 셈이지요. 이것이 발단이 되어 인생에 대한 설계를 다시 하기 시작했습니다. 그 후로 정말 이상하리만치 일도 잘 풀리고 있습니다. 그래서 저는 비움이 행운과 부를 불러온다고 믿습니다. 행운과 부는 일반적인 것처럼 보이지만 굉장히 주관적인 것이라서 각자가 생각하는 기준이 천차만별이지요.

저는 비움을 통해 자신만의 행운과 부의 기준을 찾을 수 있었습니다. 제가 느끼는 주관적인 행운과 부는 '우아함'과 '깨끗함'입니다. 집을 정갈하게 유지하려는 것도 부를 느끼는 방법 중 하나입니다. 깨끗한 집은 이미 행운과 부를 가지고 있는 듯한 느낌을 줍니다. 깨끗하고 먼지가 없는 정갈한 공간에 운이 들어오는 것은 당연한 이치이지요. 부자이면서 어지럽고 더러운 집에 사는 사람, 혹시 보았나요?

06

비움은 부와 풍요로 돌아온다

부와 비움의 상관관계

A는 타고나길 버리는 것에 소질이 없습니다. 정리 젬병에 집안일을 하는 시간은 아까운 시간, 버리는 시간이라는 생각이 큽니다. 집안일을 할 시간에 어학 공부를 하거나 운동을 하는 것이 더 좋고, 자기계발에 관심이 높습니다. 하지만 점차 자기계발을 할 때도 효율성이 떨어지는 느낌을 받습니다. 마무리하지 못하고 중도에 포기하는 일도 종종 생깁니다.

지역사회 활동을 하며 많은 모임에 참석하는 그녀는 호탕하고 쾌활한 성격을 가지고 있어 어딜 가나 인기가 많습니다. 하지만 집에만 들어오면 작아지는 자신을 느낍니다. 집안일에 대한 부담을 내려놓을 수 없습니다. 물건을 버린다거나 정리하는 것은 자신과 관계가 없는 일이라 생각했는데,

어느 날부터 아침마다 쫓기는 느낌, 찌뿌둥한 느낌이 싫어 비우고 정리하기 시작했습니다. 사실 이렇게 실천하기 시작한 것은 집안일 때문만은 아닙니다. 금전 문제, 인간관계, 가정사 등 여러 가지 면에서 홀가분해지고 싶은 마음에서입니다.

인생 전반을 정리하고 일과 가정의 밸런스를 맞추며 부를 일구고 싶고, 건강과 돈에 대한 노후대비도 확실히 하길 원했습니다. 부와 우아함과 여유, 자기계발을 추구하는 모습과 달리 자신의 환경으로 인해 나쁜 평판을 듣는 것도 싫습니다. 나다운 모습을 제대로 보여주고 싶고, 인정받고 싶은 마음이 큽니다.

내가 쓰는 돈과 에너지는 나에게 부와 풍요로 돌아온다

비움과 부, 그리고 풍요. 어찌 보면 정반대 의미를 가진 말 같지요? 하지만 저는 이 단어들의 뉘앙스를 모두 비슷하게 느낍니다.

'내가 쓰는 돈과 에너지는 나에게 부와 풍요로 돌아온다.'

제가 좋아하는 말입니다. 돈과 에너지를 비우는 것이 부와 풍요로 채워짐을 뜻하는 말이에요. 즉 비워야 채워짐을 의미합니다. 어찌 보면 당연한 말이에요. 가득 차서 더 이상 채워질 수 없는데 그곳에 부와 풍요를 채우려고 한다면 그것이 들어갈 공간이 있을까요? 억지로 구겨 넣다가 미어터지거나 흘러넘쳐 보기 좋지 않을 것입니다.

보통의 경우 사람들은 자신이 가진 것을 지키려고 합니다. 그렇게 해야 내 것을 잃지 않고 내 부와 풍요를 유지할 수 있다고 생각합니다. 대부분의 사람들이 나누기보다 지키려고 하기에 아무 대가 없이 나누는 사람들을 보고 우리는 위대하다고 말합니다.

그런데 내 것을 지키려고 하는 것보다 내 것을 쓰는 것이 부와 풍요를 더 가깝게 한다면 믿으시겠어요? 저도 처음에는 이 말의 의미를 이해하지 못했습니다. 내가 가진 것을 나누기 전에 먼저 타인이 나에게 줄 것을 계산했습니다. 하지만 그렇게 하는 것은 손해는 아니지만, 크게 이익도 아니었습니다. 그저 내가 가진 것을 지킬 수 있을 뿐이었습니다. 풍요와 부는 그 이상을 행동해야 얻을 수 있습니다. 내가 가진 것을 지키는 일을 넘어 내가 가진 것을 나누면서 비워내야 얻을 수 있습니다.

저는 매달 블로그를 통해 이벤트를 엽니다. '커피값 아끼지 맙시다!' 이벤트인데요. 저는 카페에서 주로 글을 쓰며, 전업주부인 시절부터 작가의 꿈을 키워왔습니다. 저처럼 작은 마음으로 시작해 큰 꿈을 꾸는 분들을 위해 커피값을 지원해드리는 프로젝트입니다. 처음 이벤트를 열었을 때에는 수입한 푼 없는 전업주부인지라 생활비를 쪼개어 커피값을 지원해드렸습니다. 남들이 보기엔 굳이 그렇게까지 해야 하나?

라는 생각을 했을 수도 있지만 저는 그렇게 생각하지 않고 매달 이벤트를 진행했지요.

얼마 후 매달 지원하는 커피값이 쌓여갈수록 저는 더 많은 것을 얻고 있다는 사실을 깨달았습니다. '커피값 아끼지 맙시다!' 이벤트 이후로 제 일이 더 술술 풀리고 있었고, 사업적인 여러 제안도 들어왔기 때문입니다. 게다가 저 역시 커피값을 지원받아 공짜 커피를 여러 번 마셨습니다. 신기한 것은 제가 커피값을 지원해드린 분들이 아닌 다른 분들을 통해 지원받았다는 것입니다. 그 후로 저는 '내가 쓰는 돈과 에너지는 나에게 부와 풍요로 돌아온다'라는 말을 더욱 신봉하게 됐습니다.

많은 사람들이 부자들의 선한 영향력에 대해 이야기합니다. 선한 영향력이란 자신의 것을 널리 아낌없이 나누는 것을 의미해요. 수행자들처럼 모든 것을 나눌 수는 없지만 자신이 할 수 있는 한도 내에서 나누는 것이지요. 저는 선한 영향력을 이야기하면 꼭 생각나는 부자가 한 분 있습니다. 바로 스노우 폭스의 김승호 회장님입니다. 그는 이렇게 이야기합니다.

"사업을 하는 목적은 단순히 돈을 버는 게 아니라 사회에 '선한 영향력'을 주는 것. 사장들은 사업 초기에 마음먹었던 선의를 잃지 말고 직원, 고객, 협력사는 물론 경쟁사에도 도움이 되는 사업 환경을 만들어나가야 한다."

비워야 산다

이렇듯 사업가는 사업가의 방식으로, 수도자는 수도자의 방식으로, 나는 나만의 방식으로 나누고 채워가야 합니다.

비워야, 나눠야 채울 수 있습니다. 하지만 그 이전에, 나누기 전에 대가를 바라지 않아야 합니다. 정신적인 나눔이든 물질적인 나눔이든 대가를 바라면 의미가 없어집니다. 내가 나누고 대가를 바라지 않을 수 있을 정도만 나눔을 시작해보세요. 그러다 보면 나눔의 크기도 점점 커지고, 부와 풍요의 크기도 함께 커질 것입니다.

07

의식적으로 비워라

비움은 나를 인정하는 과정, 후회해도, 실수해도 괜찮아

비움이 망설여지는 것은 후회에 대한 두려움이 크기 때문입니다.

'이 물건을 비우고 나서 어느 날 갑자기 필요해지면 어쩌지? 그러면 다시 사야 하잖아?'

잘 비워내는 미니멀리스트들에게는 핑계같이 들릴지 모르지만 이런 마음은 실제로 존재합니다. 하지만 정말 자신에 찬 사람들은 후회를 두려워하지 않습니다. 후회를 대면합니다. 그들은 상황과 자신을 분리시킬 줄 압니다. 버렸던 물건을 다시 사야만 하는 상황이 생기더라도 개의치 않습니다.

비움은 자신을 인정하는 과정입니다. 진정 변화하고 싶다면 자신을 돌아보고 인정하고 변화하세요. 망설임이 없는 인생을 만드세요. 후회는 실수를 두려워하는 사람들만이 갖는 것입니다. 완벽한 선택은 없습니다. 비움이 반복될수록 실수를 두려워하지 않는 마음과 자신감이 생길 것입니다. 자신의 인생을 통제하고 있다는 기분과 함께.

비움은 장점을 볼 줄 아는 눈을 가지게 만들어줍니다. 결과가 긍정적이지 않더라도 긍정적인 반응을 도출해낼 수 있습니다. 그렇게 가지고자 했던 물건이 버릴 물건이 되는 순간, 저는 깨달았습니다. 사실은 고정된 것이 아니라 나에 의해 바뀐다는 것을.

소유한 물건의 80%를 비워내본 저는 물건을 비워낸 후 후회가 거의 없다는 것을 경험으로 알고 있습니다. 하지만 비움을 시작하는 사람들에게는 후회라는 두려움이 크게 다가옵니다. 저 역시 물건에 대해 집착적이라고 생각할 만큼 사랑을 주었던 사람이기에 그 마음을 충분히 이해합니다. 하지만 비워야 채울 수 있습니다. 비우지 않고 계속해서 채우는 것은 제대로 된 채움이 될 수 없습니다.

비움을 통해 진정 자신에게 필요한 물건, 진정 자신의 취향이 서린 물건, 진정 자신의 가치관이 반영된 물건을 구입해야 합니다. 물건뿐만이 아니라 내가 취할 수 있는 모든 것은 이에 포함됩니다. 물건, 음식, 경험 모두 비움의 과정을 거치고, 자신의 내면을 돌아본 뒤 취해야 합니다. 그래야 앞으로 후회가 없습니다. 그리고 후회를 두려워하지 않게 됩니다.

쇼핑하는 데 유난히 시간이 오래 걸리는 당신

옷을 예로 들어볼까요? 옷을 살 때 망설이는 시간이 유난히 길다면, 쇼핑이 유일한 취미이자 치유의 수단인 사람이라면, 사고 나서 얼마 지나지 않아 옷장 구석에 처박히는 옷이 많다면 꼭 비움을 해야 합니다. 이들이 비움의 과정을 거치면 짧은 시간에 효율적으로 쇼핑을 할 것이며, 쇼핑이 아닌 다른 치유의 방법을 얻을 것이고, 옷장에는 마음에 꼭 드는 항상 애용하는 옷만 걸려 있으니 고민 없이 가뿐하고 쉽게 옷을 꺼내 입을 수 있게 될 것입니다.

하지만 그저 무심코 비워서는 변화를 바랄 수 없어요. 변화란 각고의 노력이 필요한 일입니다. 각고의 노력은 아무렇게나 해서 나오는 것이 아니지요. 자신을 진정 사랑하는 사람만이 자신을 위해 각고의 노력도 할 수가 있습니다. 그리고 자신을 사랑하려면 자신에 대해 알아야 합니다.

당신은 알지도 못하는 이를 사랑할 수 있나요? 모르는 이를 보고 사랑한다고 하는 것은 그저 빠져드는 것이지 진정한 사랑이 아닙니다. 알아야 진짜 사랑을 할 수 있습니다. 이것은 상대방이 아닌 자기 자신에게도 적용됩니다. 타인이나 사회 흐름에 가지는 관심을 조금 돌려 자신을 돌아봅시다. 물건과 마음을 돌아보고 비워나가 보세요. 그렇게 자신을 알아나가는 것입니다.

나에 대해 알게 되면 나를 사랑하지 않을 수 없답니다. 나를 사랑하게 되면 삶이 바뀌게 됩니다. 혹시 많은 물건을 비워냈는데도 자신이 가진 것에 기대어 스스로를 판단하고 있나요? 그렇다면 그건 진짜 비움이 아닙니다. 의식적인 비움을 어서 시작하세요.

08

작은 선택의 힘

아이의 소중한 보물상자

'아이들의 자잘한 물건들을 어떻게 보관해야 할까요?'라는 질문을 받았습니다. 그분은 여자아이를 키우시는 분이셨어요. 여자아이들은 아무래도 작은 액세서리나 소품들을 많이 가지고 있지요. 아이들은 어느 정도 성장을 하고 나면 엄마가 자신의 물건에 마음대로 손을 대거나, 치우거나, 버린다는 것을 상상을 초월할 정도로 싫어합니다. 저 역시 어린 시절에 그랬던 것 같아 그 마음이 이해가 됩니다.

그렇다고 그 모든 자잘한 것을 끌어안고 있기에는 공간의 한계도 있고, 엄마 인내심의 한계도 있지요. 아이와 잘 조율하여 한 공간에서 부드럽게 공존하는 것이 중요합니다. 그래서 저는 이렇게 솔루션을 드렸습니다.

"예쁜 보물상자를 만들어주세요. '작은 아씨들'에 나올 것 같은 나만의 보물상자 있잖아요. 그런 것을 아이에게 마련해주고 소중한 것을 선택해서 그 상자 안에 보관하게 해주세요."

나만의 작은 세계가 있다는 것은 꼬마 아가씨에게 얼마나 큰 기쁨일까요?

이 솔루션을 드릴 때 저는 제 어린 시절을 돌이켜보았습니다. 저도 어릴 적 나만의 작은 상자가 있었답니다. 당시 아빠가 해외 출장을 다녀오시면 사오시던 과자는 틴 케이스에 담겨 있었어요. 어린 눈에 그 상자가 마음에 들었던지 가족들이 그 과자를 다 먹을 때까지 기다렸다가 잘 씻고 말려서 저만의 보물상자로 만들었던 기억이 납니다. 그 상자에는 제가 아끼는 정말 소중한 것들만 담았습니다. 지금 생각하면 정말 자질구레한 물건들이죠. 돌멩이, 작은 조개껍데기, 쓰고 남은 초, 기념품 열쇠고리, 친구들과 나눈 쪽지, 몽당연필, 아기자기한 머리핀 같은 것들. 이 모든 작은 것들은 성인이 된 지금까지 소중하게 남아 있는 기억들입니다.

만약 이 물건들이 작은 상자에 소중하게 담기지 않고 넘쳐났다면, 저에게 이만큼 각인되어 남아 있지 않을 것입니다. 상자를 만들어 선별하고 그 속에 담아두었기에 남아 있는 추억이지요.

작은 선택은 큰 선택에 자신감을 실어준다

아이를 위해 예쁜 상자를 만들고, 그 안에 들어갈 물건을 아이와 상의하거나, 혹은 스스로 고르게 하는 것. 이것은 아이에게 소중한 추억을 선물해주는 것에 더하여 하나를 더 선물해줍니다. 바로 선택을 연습하게 하는 것이죠. 선택을 연습하는 것은 우리에게 정말 중요합니다. 우리의 지금 모습은 우리가 지금까지 선택해온 것의 총합이라고 봐도 무리가 아닐 거예요. 우리의 크고 작은 선택이 지금의 우리를 만들었지요.

하지만 물질이 과하게 풍요한 시대인 지금, 우리 아이들에겐 무언가를 선택하는 경험이 별로 없습니다. 선택을 하기 전에 모든 것이 주어지거든요. 자신이 원하고 선택하기 전에 모든 것이 부모에 의해 발달단계에 맞춰 준비되어 있으니까요.

과한 풍요는 우리 아이들에게 '소중하며 중요한 것'을 선택할 수 있는 기회를 앗아갑니다. 그래서 인위적으로라도 선택을 연습하게 하는 것이 중요합니다. 이 과정을 통해 아이들은 자신을 알아가고, 자신을 찾아갑니다. 자신만의 기준으로 자신만의 인생을 개척할 준비를 합니다. 이런 작은 선택들은 분명 아이들이 자라서 큰 선택을 하게 될 때 도움이 될 겁니다.

솔직히 말해 저는 비우는 삶을 실천한 이후로 제 선택을 후회한 적이 별로 없답니다. 설령 잘못된 선택이라도 혼란스럽거나 흔들리지 않습니다. 작은 선택의 연습으로 기준이 명확해졌기에.

이제 아이들에게 과한 물질적 풍요보다는 오히려 선택해야 하는 인위적 빈곤을 선물해주세요.

09

지금 아니면 언제 비우겠는가?

비움은 이론이 아니라 실천이다

비움에는 때가 있습니다. 하지만 때가 왔다고 해도 비움이 쉬운 것은 아닙니다. 비움은 이론이 아니고 실천이기 때문이지요. 비움을 마음먹고 나서도 그것이 실천으로 이행되고 루틴화되어 습관으로 자리 잡히기까지는 시간과 노력이 필요합니다.

정리전문가를 섭외해 비우는 것도 좋지만 그것이 습관으로 자리 잡지 않으면 도로아미타불입니다. 오래 걸리더라도 자신만의 비움 철학을 만드는 것이 중요합니다. 그래야 자신만의 좋은 습관을 가지고 항상 홀가분한 마음으로 생활할 수 있습니다.

그럼 어떻게 하면 쉽게 시작하고, 꾸준히 유지할 수 있을까요?

환경에 변화를 주어야 합니다. 우리는 우리의 의지력을 과하게 믿을 때 의외로 쉽게 무너집니다. 우리를 변화시키는 시작은 마음이지만 그 완성은 환경입니다. 비움을 습관화시킬 수 있는 환경 속으로 자신을 밀어 넣어야 합니다. 그것을 도와주는 3가지 간단한 방법에 대해서 소개합니다.

비움을 도와주는 3가지 장치

1. 여행통장

비움을 생활화하다 보면 사야 할 물건보다 팔아야 할 물건들이 많이 생깁니다. 받은 택배 박스보다 보내야 할 택배 박스가 현관에 쌓여가고 있다면 당신은 제대로 된 비움을 생활화하고 있는 것입니다. 이때 물건을 팔고 생기는 중고품 판매금을 따로 한 통장에 모아둡니다. 그리고 일명 '여행통장'이라고 이름을 붙입니다. 저는 이 통장에 모은 돈으로 가까운 해외에 다녀오기도 했습니다. 중고 판매금을 어영부영 써버리기보다는 이렇게 통장을 개설하고 목적 자금으로 모으면 뿌듯한 마음도 들고 비움에도 동기부여가 됩니다. 여행 경비에 대한 부담도 줄어들고요.

2. 애플리케이션-당근마켓, 타임스탬프

'당근마켓'은 대표적인 중고판매 앱입니다. 비울 때 나오는 물건들을 판매하기 용이하지요. 그리고 '타임스탬프'는 사진 찍은 날짜와 요일, 시간 등이 사진에 함께 기록되는 기능을 가진 앱입니다.

제가 운영하는 〈당신의 인생을 정리해드립니다!(이하 '당인정')〉 프로젝트에서는 미션 인증(비운 물건 & 비운 공간 인증)에 주로 이 앱을 사용합니다. 이렇게 타임스탬프가 찍힌 사진들이 모이면 내가 비운 물건과 정리한 공간들을 보기 쉽고, 사진이 늘어갈수록 미션 수행에 대한 만족도도 높아집니다. 게다가 사진으로 비운 물건을 남겨놓으면 물건에 대한 아쉬움도 줄어듭니다.

3. 함께하는 프로젝트들

인터넷이 발달한 시대에 사는 우리는 터치 몇 번이면 비움을 해나갈 수 있는 프로젝트들을 어렵지 않게 찾을 수 있습니다. 프로젝트를 통해 멘토의 코칭을 받을 수 있고, 멘티들 간의 교류는 정보 공유와 동기부여에 굉장한 도움을 주기도 합니다.

저도 2019년부터 무료로 그와 관련된 프로젝트인 〈당신의 인생을 정리해드립니다!〉 프로젝트를 운영 중입니다. 비움은 단순히 물건을 버리는 것이 아닙니다. 비움의 목적은 공간, 몸, 마음을 비우고 그 비운 자리에 자신만의 성공습관을 채우는 것입니다. 다만, 비움의 시작은 물건 비우기가 맞기에 이 프로젝트는 물건 비우기가 주를 이룹니다. 이 프로젝트를 통해 물건 비우기를 시작하는 미니멀리스트들을 돕고자 합니다. 비움은 당신의 잠재의식과 긍정 기운을 이끌어 냅니다. 비움을 통해 일상과 습관을 바로 잡고 내 마음이 진정으로 원하는 성공을 찾아보세요.

비움을 주제로 한 프로젝트 중에는 양귀란 선생님이 운영하시는 〈하이미니 프로젝트〉도 있습니다. 하이미니는 '하루 2분 미니멀한 학교생활'의 줄임말입니다. 초등학교 현장에서 비움을 실천하시는 선생님들의 모임이죠. 매일 하나씩 물건 또는 마음 비움 사진을 올리며 3주간의 여정을 함께합니다. 교사 책상, 교실, 학교 비움을 실천하다 보면 자연스럽게 비움이 내 삶으로 연결됩니다.

비워야 채울 수 있습니다. 주변을 비워 평화롭게 만들면 공간의 잡동사니가 치워지듯 내 머릿속 잡동사니도 물러납니다. 그 시점에서야 온전한 자신을 마주하게 됩니다. 그리고 내게 진정으로 필요한 것이 무엇인지 알게 됩니다. 소유물이 적을수록 미래에 더 많은 것을 소유할 가능성이 커지는 법. 지금 당장 당신은 그 비움에 다가갈 수 있습니다.

3장

비워야

채운다

01

비움은 수단인가, 목적인가?

비움은 자신만의 성공을 찾는 수단

"어느 날 문득 그동안 반복되었던 에너지 낭비에 대해 생각해보았습니다. 어느 순간부터 느꼈던 뭔가 모를 답답함은 매번 결정하지 못한 채 비워내지 못한 물건에서부터 시작된 것은 아닐까 하는 생각이 들었습니다."

"무언가 결정하지 못한 채 다시 또 똑같은 고민만 하다 남겨진 물건들이 늘어난 만큼 내 마음을 옥죄고 나를 힘들게 했던 건 아닐까. 늘어가는 물건처럼 내 마음도 머릿속도 점점 복잡해져가는 것은 아닐까?"

"최근 당인정(당신의 인생을 정리해드립니다!) 프로젝트를 시작하고 조그마한 변화를 느낍니다. 정리한 곳을 닦으며 미소가 지어지고 마음이 가벼워지는 것처럼 앞으로 내가 바라고 원하는 인생 목표를 향해 그곳에만 에너지를 집중하며 살고 싶습니다."

"내가 무엇을 원하는지는 더 찾아봐야겠지만, 마음속에 행복을 상상하며 공간을 정리하고 닦으며 이게 바로 내가 행복으로 향하는 길이 아닐까 하는 생각이 듭니다."

<당신의 인생을 정리해드립니다!> '비움 일기')

비움은 자신만의 성공을 찾는 수단입니다. 어떤 이는 비움으로 자유를 찾고, 어떤 이는 비움으로 명예를 찾으며, 어떤 이는 비움으로 사업적 성공을 일구고, 어떤 이는 비움으로 돈을 모으고, 어떤 이는 비움으로 물욕을 없앱니다. 물론 비움을 목적 자체로 삼고 가벼운 삶을 살아가는 사람들도 있습니다. 종교적인 수도 생활을 하는 분들이 대부분이지요. 하지만 그분들도 비움을 통해 깨달음을 얻기에 이 경우도 엄밀히 말하면 수단입니다.

처음부터 비움이 수단이 되는 경우는 드뭅니다. 대부분 처음 비움을 떠올리는 경우, 그저 답답한 상황이나 우울한 감정을 탈피하고자 시작합니다. 목적이니 수단이니 하는 것은 뒷전이지요. 하지만 비움이 거듭될수록 비움을 통해 이루고자 하는 무엇을 찾아가야 합니다. 비움이 계속되다 보면 자칫 비움을 위한 비움이 될 수 있기 때문입니다.

"저도 식탁을 비워야 할까요?"

간혹 "어떤 미니멀리스트 집에는 식탁도 없던데, 저도 식탁을 비워야 할까요? 침대도 비워야 할까요?" 하고 묻는 분들이 있습니다. 하지만 이것은 어리석은 질문입니다. 물론 이런 질문이 '아! 이런 것이 없이도 살 수 있구나!'라는 깨우침을 줄 수는 있지만, 자신의 물건을 비우는 것을 타인에게 선택하게 하는 것은 비움의 의미를 거스르는 일입니다. 타인의 의견은 어디까지나 참고하는 용도일 뿐입니다. 정답은 자신이 찾는 것입니다.

자신의 물건은 자신이 돌아봅시다. 그것이 물건과 자신에 대한 예의입니다. 그리고 그 과정을 거쳐야만 진정한 자신의 취향과 가치관을 찾고, 마음의 소리를 들을 수 있습니다. 귀찮다고 남에게 결정을 맡겨서는 아무것도 이룰 수 없습니다. 물론 쉬운 과정은 아닙니다. 그래서 자꾸 다른 이에게 의지하고 싶은 것입니다. 하지만 이렇게 해서는 제대로 된 비움을 할 수 없습니다.

제대로 된 비움의 목적은 정확합니다. 자신만의 성공의 의미를 알고 에너지 낭비 없이 나아가는 것입니다. 이 목적이 방향성을 잃고 헤맬 때 비움의 과정도 흔들리게 됩니다. 귀찮아서 미루게 되고 게을러지게 되거나 혹은 무조건적으로 텅 빈 공간을 향해 달리는, 비움을 위한 비움이 되어버립니다.

단번에 비워지지 않는다고 자책하지 마세요. 몰아서 비우는 것, 천천히 비우는 것 다 각기 장점이 있습니다. 우리는 자신의 스타일대로 꾸준히 비워나가기만 하면 그만입니다. 비움의 목적은 비움을 자신의 성공을 위한 가치관 중 하나로 만드는 것이지 아무것도 없는 하얀 집을 만드는 것이 아닙니다.

내가 비우는 목적이 무엇인지 항상 잊지 말고 나아가야 합니다. 처음에는 홀가분한 공간 자체도 기쁨을 주지만 거기서 멈추지 말고 그곳을 자신만의 가치 있는 무언가로 채워보세요. 그것이 진정한 비움입니다.

비워야 채운다

02

비움을 자아로 채운다

답은 이미 당신 안에 있습니다

B는 에너지를 밝게 만들고 내면을 가꿔나가는 것에 관심이 많습니다. 자신을 더 사랑하고 자신을 둘러싼 주변을 더 따뜻하게 만들기를 소망합니다. 그녀는 자신이 좋아하는 것이 무엇인지, 자신의 취향이 무엇인지 정확히 알고 있습니다.

책을 버리는 게 가장 어렵다고 느끼는 그녀, 내면 여행 캠프나 요가를 즐길 정도로 자신의 마음을 돌보는 일에 관심이 많습니다. 내면과 외면은 연결되어 있다는 것을 알기에 외모를 가꾸는 것도 즐깁니다. 바쁘게 자기계발을 하는 것 같지만 창가에서 햇살을 느끼는 시간을 가장 사랑할 정도로 여유를 즐길 줄도 압니다.

그녀가 이렇게 내면을 가꾸는 데 관심이 많은 것은 그녀

성향의 영향이 큽니다. 그녀는 자신의 감정선을 잘 느끼는 타입입니다. 자신이 느끼는 감정에 따라 몸과 마음이 반응합니다. 자신의 감정에 민감한 만큼 타인의 감정 또한 잘 느끼고 그것을 진하게 느끼기에 피로하기도 합니다.

매일 메모하고, 매일 산책하고, 매일 명상하는 그녀에게 비움은 또 하나의 내면을 수련하는 수단입니다. 언제나 에너지를 정갈하고 상쾌하게 만들고 싶은 그녀입니다.

비움은 자신을 돌아보게 합니다. 비움을 통해 자신의 감정을 잘 살피면 그것은 삶의 동력이 됩니다.

당신은 지금까지 항상 외부 세계에 집중해왔을 것입니다. 당신의 의견이나 생각보다 타인의, 사회의 주장에 휘둘려왔습니다. 어쩌면 당신이 비움을 망설인다는 것은, 이제는 자신의 내면을 마주하기가 두려울 지경에 이르렀다는 의미이기도 합니다. 하지만 당신이 두려워할 것은 자신의 내면이 아니라 내면을 외면했을 때 맞닥뜨리게 될 현실입니다. 아무리 열심히 달린들 진실에 반하는 현실은 허상일 뿐입니다. 비움에 대한 두려움의 강도는 당신이 자신을 내버려둔 시간과 비례합니다.

이제는 더 이상 누군가가 당신의 삶에 대해 왈가왈부하는 것을 내버려두지 마십시오. 당신에게 이제 의무란 없습니다. 직관만이 있을 뿐입니다. 직관을 알아차리세요. 비울 수 있는 것은 최대한 비워내고 주변을 고요하게 만듭시다. 두려움에 맞서서 직관력을 키웁시다.

진짜 당신은 누구인가요? 이것은 어떠한 검사지를 작성해도 알 수 없어요. 그곳에도 당신을 규정짓는 정의들만 있을 뿐이지요. 답은 당신 안에 있습니다.

진짜 나와 만나는 시간

빈 벽을 만듭시다. 그리고 그곳을 바라보세요. 저는 빈 벽을 보며 명상을 하거나 요가를 합니다. 빈 책상이 영감을 주는 공간이라면 빈 벽은 위안을 주는 공간입니다. 위안을 받으며 당신의 영혼을 한없이 풀어놓아 보세요.

비어 있다는 것은 무한한 가능성입니다. 빈자리에는 그 어떤 것도 채울 수 있으니까요. 물론 채우지 않아도 좋습니다. 그것만으로도 의미가 있습니다. 바닥에 도톰한 매트나 담요를 깔고 향초를 피우거나 향긋한 커피를 한 잔 내려 옆에 둔 후 빈 벽을 한번 응시해보세요. 하루에 있었던 일들, 고뇌들, 근심들이 스르르 가라앉는 기분을 느낄 것입니다. 자, 이제 누구도 당신을 비난하거나 판단하지 않습니다. 이제 '진짜' 당신과 만날 시간입니다.

필자가 운영하는 '미소의 미니멀라이프 연구소'에서는 비워내면서 자아를 찾기 위한 여러 질문을 제공합니다. 답은 없습니다. 질문만 있을 뿐입니다. 시간을 내어 여백을 응시하며, 혹은 고요함 속에서 산책하며, 이 질문을 스스로에게 던져보는 것이 상당한 도움을 줄 것입니다.

Q. 오늘부터 자신이 가장 좋아하는 것을 찾는 연습을 합니다. 너무 막연하다면 자신이 어릴 적 좋아하던 것을 생각해보면 쉽습니다. 사소한 것도 좋습니다. (ex. 글쓰기, 그림 그리기, 땅파기 등)

Q. 마지막까지 버리기 힘든 물건은 무엇일지 예상해봅니다.

Q. 집에서 자신이 가장 좋아하는 공간은 어디인가요? 작은 한 귀퉁이, 싱크대 언저리, 벽의 일부라도 좋아요. 그런 곳을 찾아보세요. 없다면 '없다'로 적어주세요.

Q. 나 자신이 지금 느끼는 감정, 혹은 최근 느꼈던 감정에 대해 써주세요. 이유는 적어도 좋고, 적지 않아도 좋습니다.

Q. 절대 말하고 싶지 않은 핸디캡이나 아킬레스건 같은 이야기, 생각만 떠올려도 화가 치밀거나 슬픈 사연이 있습니까?

Q. 질투가 나는 대상이 있습니까? 그 대상의 상황이나 캐릭터에 대해 적어주세요.

Q. 자기 자신을 위해 하는 일과나 행동, 취미 등을 써주세요. 사소한 것일수록 더 좋습니다.

Q. 자신이 생각하는 성공의 기준에 대해 써주세요. 성공하게 되면 하고 싶은 것은 무엇인가요?

Q. 자기관리와 건강을 위해 실행하고 있는 습관이나 앞으로 만들고 싶은 습관에 대해 적어주세요.

소중한 것은 항상 옆에 있습니다. 아니, 안에 있습니다. 우리가 알아차리지 못하는 것뿐입니다. 물론 멀리 가보는 것도 좋지요. 그것은 또 다른 도전입니다. 허나 너무 애쓰진 마세요. 우리가 원하는 것은 항상 가까이에 있으니까요.

03

비움을 취향으로 채운다

옷은 많은데 입을 게 없다

G는 물욕이 많습니다. 옷은 많지만 입을 것이 없다 여기고, 책은 많지만 읽지 않으며, 물건도 많은데 필요할 때 찾지 못합니다. 정말 필요한 몇 가지, 아끼는 몇 가지만 두고 그것들이 자기 쓰임을 잘할 수 있는 환경을 만들고 싶습니다. 옷 하나를 고르는 데에도 몇 시간씩 걸리곤 하는 것이 지겹습니다.

상상해봅시다. 오랜만에 특별한 모임이 생겼습니다. 평상시에 입지 않는 옷을 오랜만에 꺼내 한껏 멋을 냈습니다. 옷에 맞는 가방과 구두, 액세서리까지 매치해 한껏 뽐을 냈습니다. 그런데 어색하고 마음에 들지 않아 하루종일 신경이 쓰여 얼른 집에 돌아오고 싶습니다. 왜일까요? 공감하시는 분들 많으시지요? 이런 경험을 하신 분들은 옷장의 상태가 지금 이렇지 않나요?

1. 옷이 많다.
2. 입는 옷만 입는다.
3. 자신의 정해진 스타일이 없다.

과거의 제 옷장이 딱 이랬답니다. 옷은 매해(아니죠. 매 계절) 사지만, 입을 옷이 없어서 맨날 입던 것 그대로. 딱히 하나의 스타일을 고집한 건 아닌데 입던 것만 입다 보니 그게 스타일이 돼버렸습니다. 게다가 정해진 스타일보다는 유행에 따라 옷을 구입했지요.

아이러니하게도 우리는 옷이 많아서 옷을 잘 활용하지 못합니다. 선택할 것이 많은 이 세상에서 매일 옷장을 스캔하고, 선택해서, 스타일링한다는 것이 생각보다 어렵거든요. 스티브 잡스나 마크 저커버그가 괜히 옷을 검정색, 회색으로 통일했을까요? 그들은 에너지를 보존하기 위해 이렇게 한다고 합니다. 참 멋지죠? 매일 어쩔 수 없이 입던 옷만 입는 게 아니라 자신 스스로 선택해서 매일 같은 옷을 입고, 그게 자신의 시그니처 스타일이 되었다는 게.

옷은 많은데 입을 게 없는 이유는 옷은 많지만 자신만의 스타일은 없기 때문입니다. 즉 자신의 취향을 모른다는 뜻이지요. 그러니 기껏 차려입고 나갔는데 다시 들어오고 싶은 것이죠. 자신의 스타일을 정하고 거기에 맞는 옷만 골라내어 옷장에 걸어보세요. 그리고 그 남은 옷들을 자신의 시그니처 아이템으로 만들어보세요.

물건에 예의를 다하자

옷뿐만이 아니라 모든 물건에서도 마찬가지입니다. 자신의 취향이 반영된 물건을 신중하게 골라 열심히 사용해보십시오. 그것은 나와 물건에 대한 예의를 지키는 것입니다. '예의'를 지킨다는 것은 무엇일까요? 예의의 의미는 '존경의 뜻을 표하기 위하여 예로써 나타내는 말투나 몸가짐'입니다.

이 글을 보시고 이런 생각을 하시는 분들도 계실 거예요. '굳이 물건에까지 예의를 지켜야 해?' 하고요. 하지만 물건에 대한 예의를 지키는 삶은 결국 나에게 도움을 줍니다.

우리는 수많은 물건에 둘러싸여 살며 그 물건의 기운을 받습니다. 게다가 그 물건은 우리가 혼신의 힘을 다해 번 '피 같은 돈'으로 산 결정체입니다. 월급날 통장에 돈이 스치듯 지나가고 나면 카드값을 메우기 위해 돈을 버는 것 같은 기분이 들지 않으신가요? 그 카드값의 많은 부분이 물건을 구입하는 데 쓰입니다. 이래도 물건이 중요하지 않으신가요?

물건을 애지중지하자는 말이 아닙니다. 물건을 돌아보자는 이야기입니다. 물건의 의미와 가치를 돌아보아야 진짜 의미 있게 우리가 번 돈을 쓸 수 있습니다. 그때야 비로소 우리의 취향이 올바르게 정립됩니다.

정말 우리에게 인연이 될 물건에게만 내 돈과 에너지를 허락하겠다는 마음가짐, 멋지지 않나요?

취향이 가득한 삶을 산다는 것

비움을 취향으로 채우는 3가지 방법을 알려드리겠습니다.

첫 번째로 물건을 신중하게 고르는 것입니다. 유행한다고, 싸다고 구입하는 것이 아니라 진정한 필요와 나의 취향이 동시에 반영된 물건을 구입합니다. 이렇게 하면 물건에 내 가치관이 스며듭니다. 이로써 물건은 의미와 함께 생명을 부여받습니다.

두 번째로 열심히 사용해주는 것입니다. 필요에 의해 정말 예쁘고 자신의 취향이 가득 반영된 머그컵을 샀는데 찬장에 모셔두고 있다면 그것은 물건에 대한 예의가 아닙니다. 찬장에서 잠자는 머그컵은 그 주인이 커피를 마실 때마다 참 서운할 테지요. 구입할 때는 정말 설레며 구입하더니 집에 와서는 찬밥 취급이니, 물건으로서는 참 이해할 수 없는 행동이지요.

세 번째로는 물건의 생명을 연장시켜주는 것입니다. 내 취향을 신중하게 고려하여 구입했다고 해도 모든 물건이 우리의 인생 마지막까지 함께할 수는 없습니다. 우리들 삶의 양식이 바뀌기도 하고 취향이 바뀌기도 하니까요. 그럼에도 아깝다는 이유로, 정들었다는 이유로 방치한다면 그것은 물건과 함께 공간에 대한 예의가 아닙니다. 내 집에 보관만 한다고 물건을 아껴주는 것이 아닙니다. 현역으로 열심히 활동하게 해주는 것이 물건을 진정으로 아끼는 것입니다. 다른 주인을 찾아 물건의 생명을 연장해주세요. 구석에서 잠자면서 존재가 잊히는 것보다 그편이 나에게나 물건에게나 좋은 일입니다. 물건을 방치한다는 것은 물건 주인에게도 찝찝한 기분을 느끼게 하거든요.

취향을 찾는다는 것은 당신의 삶을 풍요롭게 하는 일입니다. 물건을 신중하게 구입하니 돈이 절약되고, 열심히 사용하니 삶이 윤택해지고, 물건의 쓰임이 계속되게 하니 복이 들어옵니다.

비워내십시오. 마지막까지 비워내십시오. 그렇게 취향을 찾아가십시오. 비워내다 보면 당신은 어느새 가치관과 취향이 분명한 멋진 사람이 되어 있을 것입니다.

04

비움을 바른 습관으로 채운다

좋은 습관이란 무엇일까

두 돌가량의 아이를 키우는 S는 늘어진 물건에 이리저리 치이는 느낌을 받습니다. 가만히 집에 앉아 있어도 물건이 온몸을 조여오는 것같이 느껴져 짜증을 넘어 두통까지 찾아 오곤 합니다. 특히 아이들의 물건이 문제인데, 정리하려고 마음을 먹어보아도 무엇을 남기고 무엇을 버릴 것인지 기준 이 서지 않습니다. 이것 때문에 때론 육아가 더 버겁게 느껴 지기도 합니다. 인생에서 필요한 것과 필요하지 않은 것을 잘 걸러내고 싶습니다. S는 이야기합니다.

"정리하는 좋은 습관을 만들어 물건을 잘 관리하고 통제할 수 있다면 육아하며 무너진 제 자존감도 회복될 것 같아요."

좋은 습관이란 무엇일까요? 매일 새벽에 일어나는 것? 매일 좋은 음식을 먹는 것? 매일 독서하는 것?

좋은 습관이란 자신을 사랑하는 마음입니다. 자신을 사랑하는 사람은 어지러운 공간에서 정크푸드를 생각 없이 뱃속에 밀어 넣을 수 없습니다. 자신을 사랑하는 사람은 하루 종일 멍하니 TV만 보거나 스마트폰만 들여다보고 있을 수 없습니다. 자신을 사랑하는 사람은 들쑥날쑥하게 일어나거나 잠들지 않습니다.

그렇다면 자신을 사랑하는 방법은 무엇일까요? 이쯤에서 예상하셨나요? 네, 맞습니다. 그것은 '비움'입니다. 대부분 비움을 단순히 물건을 버리는 것이라고 생각합니다. 하지만 비움은 단순히 물건을 버리는 것이 아닙니다. 물론 비움이 물건 버리기로 시작되는 경우가 많지요. 하지만 비움의 요지는 버리기에 있지 않습니다.

남들과 비교하지 않는 삶

비움의 정수는 물건을 버리고, 마음을 비우고, 몸을 비우는 과정을 통해 나 자신과 자주 마주하게 되는 것입니다.

나는 왜 이 물건을 샀을까?
나는 왜 이 물건을 버리는 것일까?
나는 왜 이 감정에 휘둘리고 있을까?

계속되는 이런 질문들을 통해 점차 나 자신에 대해 알게 되고, 나아가서는 나 자신이 원하는 것, 나 자신의 꿈에 대해 알게 됩니다.

이렇게 나 자신에 대해서 알게 되면 남들과 비교하지 않게 됩니다. 남들이 좋다고 해서, 남들이 한다고 해서 따라 하는 것은 자신에 대해 잘 알지 못하기 때문입니다. 비움을 통해 자신에 대해 알게 되면 남들과 비교할 필요가 없습니다. 남들의 욕구와 내 욕구를 구분지어 생각할 줄 알게 되고 나만의 속도로 가는 법을 배우게 됩니다.

나에 대해 알고, 남과 비교하지 않으면, 당연히 나를 사랑할 수밖에 없습니다. 나를 사랑하지 못하는 것은 남들과 나를 비교하기 때문이며, 남들과 나를 비교하는 것은 나를 잘 알지 못하기 때문입니다. 나를 잘 알게 되고, 나의 내면의 소리에 귀 기울이게 되면 나를 사랑할 수밖에 없어집니다. '내가 이런 자아를 가진 멋진 사람이었구나.' 하는 생각에 나를 사랑하게 되고 가치관이 바로 서게 됩니다. 나를 사랑하게 되면 나 자신에게 좋은 것을 주고 싶어집니다. 건강한 음식, 바른 몸, 바른 생각 같은 것들이 저절로 따라옵니다.

제가 스트레스를 받으면 명상을 하고, 좋은 음식을 먹고, 내 꿈을 위해서 새벽 기상을 하는 이유도 비슷한 이치입니다. 바른 습관들을 실행해가다 보면 나 자신이 더 기특하게 느껴지고 나 자신을 더 사랑하게 되는 선순환이 일어납니다.

비움은 나를 알게 하고 남과 비교하지 않게 하며 나를 사랑하게 합니다. 그리고 나에게 좋은 것들을 주고 싶게 만듭니다. 이 과정을 통해 남과 다른 나만의 좋은 습관들이 몸에 저절로 배게 됩니다. 남을 따라 하거나 남들에게 보이기 위한 습관은 가짜 습관입니다. 진짜 좋은 습관은 이미 내 안에 있습니다.

삶을 나만의 방식으로 통제하는 방법, 습관

"많은 사람이 삶을 통제하지 못하는 이유는 할 수 없어서가 아니라 '자기 방식의 삶'이 어떤 것인지 모르기 때문이다."(『레버리지』, 롭 무어)

비움은 공간뿐만 아니라 삶 전체에 필요합니다. 우리의 삶은 좋은 습관들이 모일 때 원활하게 돌아갑니다. 공간과 더불어 몸과 마음을 비우는 것은 좋은 습관을 만드는 데 큰 역할을 합니다. 저는 오랫동안 새벽 기상을 해오고 있습니다. 사실 새벽 기상을 습관으로 만드는 것은 쉽지 않았어요. 하지만 저는 새벽의 신비한 느낌을 참 좋아합니다. 꿈으로 나를 이끌어줄 것 같은 그 느낌. 그래서 오랜 기간 3시 새벽 기상 습관을 유지해왔습니다.

당연하게도, 습관이란 것은 억지로 한다고 만들 수 있는 게 아닙니다. 욕구는 누르면 누를수록 용수철처럼 튀어나옵니다. 그러므로 습관은 나를 달래가며, 나와 잘 타협해가며 억지로 제어받는다는 느낌 없이 사이좋게 만들어가야 합니다.

억지로 나를 누르며 만든 습관은 남의 칭찬, 물질적 대가를 바라게 합니다. 그래서 외적 동기보다는 내적 동기를 따라가야 하지요. 작은 습관들이 모여 내 인생을 스스로 통제할 수 있다는 느낌을 받으면 긍정적인 마음이 생깁니다.

좋은 습관을 만들 때는 다음과 같은 점에 유의해야 합니다.

첫째, 부자들이 했다고, 성공한 사람들이 했다고 무조건 따라 할 게 아니라 나에게 꼭 맞는 습관을 찾는 게 중요합니다.

둘째, 내가 정한 습관은 습관 자체로 즐길 수 있어야 합니다. 과정 자체에서도 즐거움을 찾는 것이지요.

셋째, 습관을 지키면 칭찬받고 싶습니다. 인정욕구 또한 타인이 아닌 나 스스로를 칭찬해서 풀 수 있어야 합니다.

하지만 좋은 습관을 만들기 전에 선행되어야 할 더 중요한 것이 있습니다. 바로 공간과 몸, 마음을 비우는 일입니다.

비움은 습관을 만드는 데 다음과 같은 도움을 줍니다.

첫째, 비움을 통해 버릴 물건을 끊임없이 선택하는 연습을 하므로 나에 대해서 잘 알게 되고, 이로써 내가 진정 원하는 습관을 찾을 수 있습니다.

둘째, 비움을 통해 삶이 간결해지므로 습관 실행에 집중할 수 있습니다.

셋째, 비움을 통해 나 자신에 대해 알게 되므로 나와 사이좋게 상호작용해가며 습관의 효율을 높일 수 있습니다.

자유는 타인에 의해 결정되는 것이 아닙니다. 내 규율은 내가 정하는 것이 진정한 자유입니다. 자신의 공간, 몸과 마음을 비우고 삶을 통제하게 될 때 인생의 마법은 시작됩니다.

비워야 채운다

05

비움을 에너지로 채운다

시작을 응원해주는 공간

M의 남편은 정말 깨끗하고 정리를 잘하는 반면, M은 정리에 젬병입니다. 성향이 고운 M은 자신 때문에 남편이 힘들 것 같으니 자신이 정리와 비움에 대해 배워서 남편의 마음을 편하게 해주고 싶다고 전해왔습니다.

거기다 자신이 무언가를 시작하려고 할 때 항상 쌓여 있는 짐이 방해가 된다며 그것을 해결하고 싶어 했지요. 가령, 어떤 프로젝트를 진행하려고 해도 그 프로젝트에 관련된 자료가 짐 더미 안에 있습니다. 프로젝트를 진행하려면 그 짐부터 풀어헤쳐야 하는 상황입니다. 사실 우리가 무언가를 시작하려고 할 때는 굉장한 용기와 노력이 필요합니다. 시작이 반이라는 말이 괜히 나온 말이 아니지요. 그렇게 어려운 시작을 마음먹었는데, 쌓인 짐 때문에 그 시작이 방해를 받는 다면 얼마나 맥이 빠질까요?

　그런데 만약 항상 새로운 시작을 응원해주는, 나를 위해 준비되어 있는 집이 있다면 어떤 모습을 하고 있을까요?
　이런 집은 에너지가 있는 집, 생기가 있는 집입니다. 에너지나 생기 같은 말은 조금 추상적이니 구체적으로 들어가 볼까요? 그렇다면 이런 집은 어떤 상태일까요? 제가 생각할 때 에너지를 가진 이상적인 집의 모습은 걸리적거리는 게 없는 집, 즉 방해할 물건이 없는 집입니다.
　우리는 물건을 많이 가질수록 그 물건에 대한 책임을 갖습니다. 물건을 통해 우리의 삶이 편리해질 것 같지만 우리는 물건을 살 때 편리와 함께 그 물건을 보살펴주어야 하는 의무도 함께 사는 것입니다. 우리의 에너지는 한정되어 있기 때문에 물건에 에너지를 빼앗기게 되면 다른 일에 쓸 에너지를 덜어내야 합니다. 게다가 어지럽게 늘어진 물건은 시작을 방해하지요. 어지럽게 늘어진 혼란스러운 공간에서 당신은 시작할 엄두조차 나지 않을지도 모릅니다.
　무언가를 시작하기 위해선 여백이 많으면 많을수록 좋습니다. 여백은 가능성이기 때문입니다. 여백은 무한함을 열어줍니다.

비워야 채운다

위기에 빛을 발하는 여백과 질서

더 나아가 이상적인 에너지를 가진 집은 예기치 못한 일의 방패막이까지 되어줍니다. 예기치 못한 일은 우리 인생에서 참 많이 일어나지요. 하지만 여기서 중요한 것은 예기치 못한 사건이 일어났다는 사실이 아니라 '그것이 통제 가능한가?'입니다. 옛말에 호랑이에게 잡혀가도 정신만 차리면 된다고 했던가요? 우리가 상황을 통제한다면 금방 변수에서 벗어날 수 있습니다.

그래요. 하늘이 무너져도 솟아날 구멍이 생깁니다. 우리가 일상에서 루틴을 잡으려고 하는 이유도 이와 같습니다. 일상이 평온할 때는 무엇이든 좋지요. 하지만 일상에 균열이 생길 때 우리는 여백과 질서로부터 위안과 힘을 얻습니다. 공간과 삶을 통제한다는 것은 우리를 지켜주는 에너지가 됩니다. 통제성을 터득한다는 것은 우선순위의 법칙을 안다는 것과 같습니다.

공간에 여백과 질서를 만들면 우리는 우리 인생에서 진정 중요한 것이 무엇인지 알게 됩니다. 이것은 우리 인생에 순위가 생기는 것과 같습니다. 쳐낼 것은 쳐내고 남길 것은 남기는 것, 중요한 것을 알게 되는 것이 얼마나 소중한 일인가요? 공간과 시간, 그리고 에너지를 통제하는 것은 우리를 거침없이 꾸준히 즐겁게 나아가게 합니다.

비우세요. 비우고 또 비우세요. 그리고 에너지를 집약시켜 진정으로 중요한 곳에 투자하세요. 저는 비우고 나서 글을 쓰게 됐습니다. 여러분은 비우고 나면 어떤 일을 하고 싶으신가요?

비워야 채운다

06

비움을 공존으로 채운다

공존 vs 정복

공존이란 무엇일까요? 공존의 사전적 정의는 '1. 두 가지 이상의 사물이나 현상이 함께 존재함. 2. 서로 도와서 함께 존재함'입니다. 사전적 정의로도 알 수 있듯이 우리는 공존 없이는 살아갈 수 없는 존재입니다. 지구상에는 수많은 종이 수많은 사건들을 일으키며 공존하고 있고, 그래서 우리는 함께 도와야 존재할 수 있습니다.

하지만 우리는 지금 어떤가요? '만물의 영장'이라는 이름으로 다른 생명체에게 혹은 다른 사물에게 해를 끼치고 있다는 생각이 들지 않나요? 저는 가끔 제 안위와 평안을 위해서 너무나 많은 희생을 필요로 하지 않는지 돌아봅니다. 제 생명유지를 위해서라면 어쩔 수 없는 부분이지만 그 이상의 것을 위해서 다른 것의 생명을 앗아간다는 것은 해서는 안 되는 행동입니다. 우리가 다른 그 어떤 것을 누르고 공존할 수 있을까요? 우리는 과하게 정복자의 입장에 길들여져 있지는 않나요?

우리가 과거 원시시대로 돌아간다면 양육강식의 논리에 의해 자연재해를 버티고 우리보다 강한 동물들과 싸워 이겨야 살아남을 수 있습니다. 생존을 위한 정복이기에 자연의 순리와 같은 것이지요. 하지만 지금은 상황이 바뀌었습니다. 지금 이 시대에 우리가 자신이 아닌 타인을, 다른 생명체를 정복해서 얻을 수 있는 것이 무엇일까요? 그 정복이 타당한지 다시 한 번 생각해봅니다. 그리고 그 정복이 정말 우리를 위한 것인지도 복기해보아야 합니다.

물러설 곳이 없다

우리는 모든 것을 다 이루고, 모든 것을 다 가지고, 모든 것을 다 누릴 수 있는 것처럼 자연을 파헤칩니다. 하지만 결국 우리가 얻은 것은 무엇인가요? 우리는 의기양양하게 많은 것을 누렸지만 이제는 환경오염으로 인해 생명의 위협을 받고 있습니다. 인간의 편리함을 문명의 발달이라는 이름으로 포장하여 할 수 있는 모든 것을 착취했고, 그 결과 지금과 같은 현실을 맞이했습니다.

몇 해 전, 지인이 몰디브를 다녀왔다고 하더군요. 그 지인은 몰디브의 바다를 보고 놀랐다고 합니다. 몇 년 전 몰디브를 방문했을 때 보았던 에메랄드 빛 해변을 잊지 못하고 다시 몰디브를 찾았는데 다시 찾은 몰디브의 바다는 뿌연 색이었다고 합니다. 기후 변화로 산호들이 죽어 산호의 부산물로 색이 바랜 것입니다. 이 문제가 비단 몰디브에만 국한된 것일까요?

이제 우리는 물러설 곳이 없습니다. 특히 환경에 관해서는 그렇습니다.

우리의 삶은 점점 비움에 가까워져야 합니다. 그래야 모두 공존하여 생명을 유지할 수 있습니다. 단순히 소비를 줄이기 위한 목적이나 홀가분한 공간을 위한 것이 아닌, 공존을 추구한다는 생각으로 비움에 접근한다면 비움에 대한 의문이 더 쉽게 풀릴 것입니다.

공존을 위한 비움. 이것은 막다른 곳에 선 우리에게 해결책을 내어줄 수 있습니다. 선량한 사람, 이타심이 많은 사람, 사회적 이슈에 관심이 많은 사람만이 직면해야 하는 문제가 아닙니다. 누구나, 어느 곳에서나 주의 깊게 바라보아야 할 문제입니다. 그래야 우리가, 우리의 아이들이 잘 살아나갈 수 있으니까요.

사회적 단체에서 일하는 사람만? 채식주의자들만? 수도자들만?

아닙니다. 당신, 지금 여기에 함께 공존하는 당신이 해나가야 할 주제입니다. 모두가 함께 집중할 때 우리의 삶을 더 연장할 수 있습니다.

작은 것부터 공존을 위한 비움을 해봅시다. 저는 이제 그것을 '착한 비움'이라 부르기로 했습니다. 착한 비움에는 무엇이 있을까요? 저는 음료를 마실 때 빨대를 쓰지 않습니다. 빨대를 쓰지 않아도 음료의 맛은 똑같습니다. 하지만 바다거북의 코는 안전해집니다(플라스틱 빨대가 바다거북의 코에 종종 꽂혀 바다거북들을 괴롭힌다고 합니다). 당신의 착한 비움은 무엇인가요? 당신의 멋진 아이디어를 발휘해주세요. 그리고 공존해주세요.

07

비움을 실행으로 채운다

당신은 생각만 많은 사람인가요?

혹시 당신은 생각이 많은 타입의 사람인가요? 저는 항상 생각이 많은 사람입니다. 이런저런 상상을 하는 것도 좋아하고, 하고 싶은 것도 많습니다. 하지만 이런저런 공상을 하는 것이 즐거울 때도 있지만 버거울 때도 있습니다. 생각만큼 행동이 따라주지 않을 때나 고민만 하다가 지날 때가 그렇지요.

과거의 저는 행동보다는 생각이 많은 사람이었어요. 생각만 하다 일 다 보기 일쑤였지요. 그런데 이런 패턴이 반복되다 보니 생각도 하기 싫고 아무것도 하기 싫은 상태가 오더군요. 계속해서 생각을 실현하지 못하니 무기력에 빠진 것입니다. 무기력이란 감정은 정말 무서운 것이에요. 삶의 의욕을 잃게 만듭니다. 저는 이제 무기력도, 머리에 생각만 가득 차는 것도 싫습니다. 그래서 되도록 생각을 바로바로 실행하려고 노력합니다. 고민하지 않고, 바로 던져버립니다.

생각을 비워내는 일, 행동

R은 맥시멀한 남편과 물건을 두고 항상 실랑이를 벌입니다. 물건을 버리고 싶다는 생각도 하고, 무언가를 시도하고 싶다는 생각을 자주 하지만 그렇다고 결단력 있게 행하는 것도 아닙니다. 매일 운동하고, 샐러드를 챙겨 먹고, 아이를 업고 안고서라도 책을 읽으려고 하는 그녀. 하지만 삶이 만족스럽지 못합니다. 왜 그런 걸까요?

제가 생각만 하고 행동하지 않을 때 저는 이것을 에너지 보존이라고 생각했습니다. 이것저것 해대는 것보다 내 에너지를 한 곳에 집중하려고 했거든요. 하지만 행동도 습관이더군요. 그 하나를 찾는 시간이 길어지다 보니 행동이 굼떠지고 행동하는 것 자체가 어색해졌습니다. 게다가 생각만 하는 것이 행동하는 것보다 에너지 소모를 크게 만들기도 합니다.

예를 들어 제가 발레를 배우고 싶다고 가정해봅시다. 그런데 이런저런 핑계를 대며 미룹니다. 미루는 동안 저는 계속 발레에 대해 생각하며 에너지를 소비합니다. 언젠간 해야지 하면서요. 만약 발레에 대한 아이디어가 떠오르자마자 발레 학원에 등록했다면 저의 고민은 거기서 멈추게 됐을 것입니다. 설령 발레가 생각보다 취향에 맞지 않아서 그만둔다고 하더라도 계속 고민만 하는 것보다 낫지요. 한 번이라도 시도해봤으니 미련 없이 그만두면 되니까요.

　요즘 저는 생각나는 대로 행동하고 좋아하는 일을 하려고 노력합니다. 좋아하는 일을 참는 것이 좋아하는 일을 하는 것보다 세 배는 힘들거든요. 그리고 싫어하는 일을 하는 것이 좋아하는 일을 하는 것보다 세 배는 힘이 듭니다. 싫어하는 일을 멀리하고, 좋아하는 일을 참지 않는 것이 머릿속을 가볍게 하는 비법이에요. 생각보다는 행동으로 머릿속 고민을 날려버리세요!

비움을 성공으로 채운다

비움은 자기계발이다

D는 20대 초반 젊은 남성입니다. 그는 누구보다도 열심히 산다고 자부합니다. 직장생활도, 자기계발도, 결혼생활도, 사회생활도 열심인 그는 미라클 모닝, 운동 모임, 독서 모임 등 다양한 모임에서도 열심히 활동 중입니다. 젊은 세대답게 SNS에 자신의 일상, 생각 등을 기록하고 사진을 찍는 것을 좋아합니다.

이렇게 무언가를 열심히 채워가는 그이지만 물질적인 부분에서는 무언가 계속 가지려고 하면서 부족한 부분에 집중하게 된다는 것을 알게 됐습니다. 그 마음을 버린 후 진짜 나에게 필요한 것이 무엇인지 궁금해지기 시작했습니다. 그리고 찾았습니다. 하루 일과를 마치고 들어와 빈 벽에 기대어 자신의 취향에 맞는 책을 읽는 기쁨을 알게 된 것입니다. 이제 미니멀라이프는 자기계발 방법 중 하나가 되었습니다. 단순히 물건 비움을 넘어 좋은 습관을 가지고 성공에 다가갈 수 있는 방법으로 자리 잡은 것입니다.

T는 전형적인 맥시멀리스트입니다. 항상 많은 물건 속에서 허둥대며 삽니다. 아침마다 양말을 찾기 바쁘고, 퇴근한 후에는 옷더미 위에 쓰러져 퍼져 있기 일쑤입니다. 자신은 이렇게 정신없이 사는데 그녀에게는 그녀와 정반대로 사는 친구가 있습니다. 그 친구는 정말 많은 일을 해냅니다. 회사에서도 집에서도 완벽합니다. 알고 보니 그 친구는 미니멀리스트. 무슨 일이든 열심히 하고, 힘든 상황에서도 웃으며 일을 척척 해냅니다. 그 친구는 철학, 주장이 뚜렷하고 사람들과도 자연스럽게 관계를 맺으며 항상 리드하는 편입니다.

T 역시 그 친구처럼 강단 있고 단단하며 흔들리지 않는 사람이 되고 싶습니다. 자신의 선택에 만족하고 후회 없는 삶을 살며, 끈기 있게 무언가를 끝내는 성향을 가진 멋진 사람이 되기를 그녀는 꿈꿉니다.

그들은 왜 비움에 열광하는가

많은 성공한 이들이 간소한 삶을 지향합니다. 그들은 왜 그렇게 비움에 열심일까요? 성공과 비움에는 상관관계가 있습니다. 성공은 하루아침에 이루어지지 않습니다. 사소한 것을 사소하게 대하지 않는 비범함과 지속성이 만들어주는 것이 성공입니다. 비움은 성공으로 다가가기 위한 꾸준함의 밑바탕이 되어줍니다.

저의 취미 중 하나에는 자기계발서 읽기가 있습니다. 사실 자기계발서 내용은 반복적입니다. 시대의 흐름, 즉 유행을 타기는 하지만 1990년대에 쓰인 자기계발서를 지금 읽어도 그 내용이 매우 훌륭합니다. 내용이 반복되는 데에도 계속해서 자기계발서를 읽는 이유는 어쩌면 TV 드라마를 자주 보아서 이제 1화만 보아도 마지막 화 내용까지 짐작 가능한 수준에 이르렀는데도 계속해서 드라마를 시청하는 이유와 같습니다. 생산적인 활동이기보다는 그저 유희를 위한 취미 활동에 가까운 것입니다. 드라마 속 타인의 삶을 보며 즐기듯이 저는 자기계발서에 나오는 그들의 삶을 즐깁니다.

그 유희 속에 굳이 생산성 있는 활동이 있다면, 간혹 새로운 방법이나 작가만의 특별한 점을 찾거나, 혹은 그들 간의 공통점을 발견하는 일입니다. 최근 발견한 공통점 중에서 가장 흥미로운 점을 언급한다면, 그것은 바로 '비움'입니다.

보통 비움은 집안일을 하는 사람, 즉 여자들의 일로 치부되기 쉽지요. 하지만 자기계발서의 저자는 대부분 남자들입니다. 그들은 왜 성공을 위해서 일반적으로 작은 일로 치부되는 비움을 언급하는 것일까요? 답은, 비움은 작은 일이 아

비워야 채운다

니기 때문입니다.

몇 가지 예시를 제가 읽은 자기계발서에 나온 내용을 바탕으로 살펴볼까요?

『백만장자 시크릿』의 저자 하브 에커는 이렇게 이야기합니다.

"즉각적인 만족을 위해 물건을 사들이는 행동은 삶에서 느끼는 불만족을 해소하려는 시도일 뿐이고 그런 시도는 거의 언제나 효과가 없다. 자신이 갖고 있는 감정을 소진하려고 자신이 갖고 있지 않은 돈을 소비하는 것이다."

듀오 폴커 키츠와 마누엘 투쉬는 『스마트한 심리학 사용법』에서 이렇게 이야기합니다.

"사람들은 흔히 자유롭게 선택할 수 있는 대안이 많을수록 만족도가 높아질 것이라고 생각한다. 그러나 과다한 선택지는 만족도를 높이기는커녕 오히려 고통의 무게를 더한다."

벤저민 하디는 『최고의 변화는 어디서 시작되는가』에서 이렇게 말합니다.

"소유물이 적을수록 미래에 더 많은 것을 소유할 가능성이 커진다. 맑은 정신을 가지려면 환경부터 깨끗이 정리해야 한다. 정기적으로 사용하지 않는 모든 것을 없애라."

팀 페리스는 『나는 4시간만 일한다』에서 이렇게 말합니다.

"잡동사니들은 신경을 소모시키고 구속받지 않는 데서 오는 행복을 현실의 성가신 일로 만들어버림으로써 우유부단함과 심적 혼란을 부추긴다. 도자기 인형이든 스포츠카든 해진 티셔츠든, 이런 잡동사니가 얼마나 정신을 어지럽게 만드는지 깨닫는 것은 그것을 없애버리기 전까지는 불가능하다."

"내 아파트의 여유 공간이 40퍼센트는 더 생겼다. 나에게 가장 절실한 것은 물리적 여유 공간이 아니라 마음속에 생긴 여유 공간이다. 내 생각은 더 명료해졌고 나는 훨씬, 훨씬 더 행복해졌다."

『정리하는 뇌』에서 대니얼 J. 레비틴은 이렇게 말합니다.

"정리된 마음은 당신이 그저 실수를 피하는 것 이상의 일을 할 수 있게 해준다. 정리된 마음은 당신이 그렇지 않았다면 상상하지도 못했을 일을 하고, 상상하지 못했던 곳에 갈 수 있게 해준다."

『레버리지』에서 롭 무어는 이렇게 이야기합니다.

"당신이 중요한 일을 하지 않거나, 삶을 제대로 관리하지 못한다면, 다른 사람을 위해 일하느라 분주하다면, 남을 부자로 만들어주면서 자신은 행복한 가정생활을 하지 못한다면, 그래서 혼란과 좌절감과 무력감을 느낀다면, 우선순위를 효율적으로 관리하지 못하고 있다는 얘기다. 그것은 모두 당신이 자초한 것이다. 당신이 그렇게 되도록 자신의 시간을 허용하고, 시간이 변화를 만들어내지 못하게 막았다. 일과를 끝내고 자신에게 '내가 정말 의미 있는 일을 했는가?'라고 물었을 때 '아니다'라는 답이 나온다면, 당신은 인류에게 주어진 가장 큰 선물이자 가장 귀중한 자원인 시간을 낭비한 것이다."

『마흔이 되기 전에』에서 닐 게이먼은 이렇게 이야기합니다.
"벌거벗은 몸으로 거리를 걸어가면서 자신의 마음과 정신, 그리고 내면에 존재하는 것을 너무 많이 드러내고 있다고 느끼는 순간, 그때가 바로 당신이 상황을 제대로 보기 시작하는 순간이다."

만족, 소유, 맑은 정신…

더 많은 이야기가 있지만, 지면의 한계와 이야기가 지루해질 것을 염려해 여기서 마치겠습니다. 이제 그들의 이야기를 종합해볼까요?

그들은 단순히 공간을 쾌적하게 만들기 위해서 비움을 하지 않습니다. 그들 이야기의 공통점을 쉽게 설명하자면 비움으로 정신을 관리하라는 것입니다. 성공에는 멘탈 관리가 가장 중요하다는 말 많이 들어보셨지요? 주변을 비워 평화롭게 만들면 공간의 잡동사니가 치워지듯 내 머릿속의 잡동사니도 물러납니다. 그 시점에서야 자신이 바로 서게 됩니다. 자신과 직면하게 됩니다.

당신은 왜 성공을 하려고 하나요? 성공으로서 추구하고자 하는 것, 즉 성공의 목적은 무엇인가요? 그들이 이야기하는 성공은 이것입니다. 만족, 소유, 맑은 정신, 외적이자 내적인 여유, 행복, 명료함, 우선순위, 상황의 직면, 상상 그 이상. 그들이 생각하는 성공의 반대는 이것입니다. 감정소진, 신경소모, 고통, 구속, 심적 혼란, 좌절감, 무력감. 그들은 내적, 외적으로 계속 비움으로써 성공을 끌어당기고 성공의 반대말을 밀어냅니다.

위에 열거된 단어들을 잘 살펴봅시다. 그들이 생각하는 성공은 당신이 백만장자로 혹은 그 이상으로 성공한 상태가 아니더라도 느낄 수 있는 감정입니다. 그 반대의 상황 역시 마찬가지입니다. 그것들도 당신은 언제고 느낄 수 있습니다. 당신이 백만장자건 아니건 유명인이건 아니건 느낄 수 있습니다.

지금 당장 당신은 '만족, 소유, 맑은 정신, 외적이자 내적인 여유, 행복, 명료함, 우선순위, 상황의 직면, 상상 그 이상'을 끌어당길 수 있습니다. 비움으로 그것이 가능합니다. 성공한 이들은 그들이 성공에 진입하기 전부터 이미 그 사실을 알고 있었습니다. 그리고 그것이 이제는 당신을 진짜 성공으로 이끌어줄 것입니다.

주변과 몸, 마음을 비우고 나와의 대화를 끊임없이 해나가다 보면 자신의 마음속 소리를 듣게 됩니다. 그 소리를 따라가면 나의 가슴을 뛰게 하는 일을 찾을 수 있습니다. 매일 매일 하나씩 비워나가고 주변을 정리하면서 작은 일부터 돌보다 보면 자신이 좋아하는 일이 하찮다 하더라도 흔들리지 않게 됩니다. 사소한 것을 사소하게 보지 않는 힘이 생기기 때문입니다.

4장

비워야

성공한다

도전하는 사람들의 특징

도전이 두려운 당신

P는 40대 후반이 되어서야 뭔가 다른 삶을 살고 싶다는 생각을 하게 됐습니다. 지금까지와는 달리 당당한 커리어우먼으로 역동적인 삶을 살고, 많은 사람들에게 내가 알고 있는 것을 공유하고 싶었습니다. 그녀는 삶을 바로잡고 도전하고 싶은 생각에 비움을 시작했습니다.

여기 도전을 기피하는 한 사람이 있습니다. 그녀는 아무것도 하지 않아 아무 일도 일어나지 않는 세상에 살았습니다. 그녀는 세상 사람들이 무언가를 이루려 애쓸 때, '나는 평온한 삶이 좋아. 아등바등하며 살지 않을 거야'라고 이야기했습니다. 직업적인 성취 또한 관심이 없어서 결혼하고서는 줄곧 가정주부로서 살림만 하며 지냈습니다. 그랬던 그녀가 어떤 계기를 만나 자신 속에 감추어둔 작가의 꿈을 찾게 되었고, 그녀는 곧 작가가 되었습니다.

그녀는 누구일까요? 많이 궁금해하지 않으셔도 됩니다. 그녀는 바로 저, 이 책의 필자이기 때문입니다.

저는 도전이라고는 모르는 사람이었습니다. 거절이 두려웠고, 타인들의 부정적인 평가가 두려웠습니다. '나는 나만 평가할 수 있다'라는 생각으로 타인들 앞에서 나를 내보여야 하는 도전은 모두 피해갔습니다. 결혼할 당시에도 남편에게 '결혼하고 나서 절대 일을 하고 싶지 않다', '집에서 살림만 하고 싶다'라고 이야기했으니 말 다했죠?

그 당시 저는 혼자 많은 시간을 보냈습니다. 물론 성향상 혼자 있는 시간이 만족스럽기도 했지만 무언가 허전함도 지울 수 없었지요. 하지만 안락하고 편한 공간에서 누구의 간섭도 평가도 받지 않는 삶이 편했습니다. '그래, 편한 게 최고야'라고 애써 생각하며 간혹 드는 의문을 잠재웠지요.

여전히 저는 혼자 있는 시간이 많습니다. 저의 일이 주로 글을 쓰는 것이고, 코칭이나 프로젝트 또한 대부분 온라인으로 이루어지기 때문입니다. 하지만 지금의 저와 과거의 저는 많은 부분이 달라졌습니다. 특히 도전 면에서 그렇습니다. 신혼 시절 제가 살던 곳은 지방의 소도시였습니다. 남편의

　　　　　　　　　　　　　　　　비워야 성공한다

직장을 따라 터전을 옮길 때, 이곳에 왔습니다. 주변에서는 다들 "대도시에 살던 네가 그 먼 곳으로 가서 답답해서 어떻게 살아갈래?"라고 걱정했지만, 저는 정말 좋았습니다. 조용히 살고 싶은 저에게 딱 맞는 곳이라고 생각했습니다. 저 자신을 스스로 잘 안다고 자부했기에 모두 만류할 때, 큰소리치며 멀리까지 떠나올 수 있었지요.

처음에는 조용하고 자연에 가까운 이곳이 저에게는 맞춤이라 여기며 지냈습니다. 하지만 이내 제 마음의 소리를 듣게 되었습니다. 사실 저는 저 자신을 속이고 있었습니다. 저는 현모양처가 아닌, 내 이야기를 글로 풀어내는 작가이고 싶었습니다.

마지막까지 버리지 못했던 그것

마음속 소리는 제가 가장 힘들 때 찾아왔습니다. 육아우울증에 휩싸여 아무것도 하지 못하고 밑바닥에 있을 때, 벗어나보려고 발버둥치다가 집안의 물건들을 하나둘 버리기 시작했습니다. 불필요한 물건들을 버리다 보면 내 마음속 우울감도 버려질 것 같았죠. 그렇게 비워내기를 5년. 어느새 우울증은 사라졌고, 오히려 인생의 가치관이 명확한 사람이 되어 있었습니다.

비우고 비운 결과, 저는 작가가 되기로 결심했습니다. 왜 작가가 되기로 결심했을까요? 제가 마지막까지 못 버리던 것들이 노트북 속의 습작들과 여기저기 휘갈겨놓은 메모지들이었기 때문입니다. 그것들을 정리하며 저는 블로그에 글을 쓰기 시작했고 글을 쓴 지 3개월 만에 출판사와 계약을 하게 됩니다. 강렬히 믿고 에너지 낭비 없이 실행했기에 비교적 빠른 성과가 있었습니다. 만약, 제가 5년의 비움을 하지 않았다면 이렇게 확신에 차지 못했을 것입니다. 밑바닥에서 시작해 끝까지 비워내보니 저에 대한 신뢰가 생겼고, 꿈에 대한 믿음이 생겼습니다.

출판사와 계약 후, 동생과 축하파티를 하는데 동생이 이렇게 이야기를 합니다.

"난 언니가 해낼 줄 알았어. 왜냐면 언니는 항상 나는 관심도 없는 작가들의 이야기를 나한테 줄곧 해대곤 했거든."

저도 미처 몰랐던 사실을 확인하게 되는 순간이었지요. 이렇게 사람은 주변인들보다 자신에 대해 모를 때가 많습니다. 왜일까요? 그것은 우리가 많은 역할들과 의무에 휩싸여 자신보다는 타인의 상황을 고려하고 타인의 눈치를 보며 살기 때문입니다. 참 안타까운 현실이지요. 저는 비움을 통해서 처음으로 저 자신을 돌아보는 시간을 가졌습니다. 항상 삼남매의 맏이로서 나보다는 타인들을 생각하고 배려하는 것이 몸에 밴 습관이었는데 처음으로 오로지 나를 돌아보는 시간을 가졌던 것이지요.

"당신은 (   )을 소중히 생각하는 사람입니다"

지금 책을 읽는 분께서는 5년이라는 시간이 참 길게 느껴지시겠지만 저는 그 5년의 시간이 꿈과 같은 시간이었습니다. 보통 그 사람에 대해 알게 되면 사랑하게 되고 사랑하게 되면 더 궁금해지는 것처럼, 저는 그 긴 시간 동안 저와 연애를 했습니다. 알면 알수록 나라는 사람이 참 사랑스러웠고, 대견했고, 쓰다듬어주고 싶었습니다. 그렇게 사랑하는 사람의 이야기를 듣듯이 내 이야기에 귀를 기울였고 비로소 내 꿈에 대한 이야기를 들을 수 있었습니다.

조금 오래 걸리긴 했습니다. 왜냐면 아무리 가까운 사이라도 소중하고 은밀한 자신의 꿈에 대해서는 맨 마지막에 털어놓기 마련이거든요. 하지만 그 과정이 지루하지 않았습니다. 점점 더 제 자신을 사랑하게 됐기 때문이지요.

그렇게 꿈을 알게 된 후, 저는 거침없이 도전해나갔습니다. 본디 내향적인 성향이라 도전을 할 때 다른 이들보다 에너지와 용기가 좀 더 필요했습니다. 하지만 개의치 않았습니다. 저는 저를 사랑했고, 그런 저에게 좀 더 좋은 것을 주고 싶었거든요. 그렇게 시작한 블로그, 유튜브, 방송 출연, 출간, 그리고 코칭, 거기다 여러 프로젝트들의 진행까지. 사실 안면홍조증까지 있는 제가 용기 내서 방송 출연을 했다는 것에 스스로에게 박수를 쳐주고 싶습니다.

처음 도전을 시작했을 때는 지방 소도시에 사는 주부로서 무엇을 어떻게 해야 할지 막막했습니다. 하지만 뜻이 있는 곳에 길이 있다는 말이 저를 반겨주었습니다. 마음이 없지 길이 없나요? 그곳은 조용하고 번잡하지 않으니 제가 좋아하는 글쓰기를 하기에 더없이 최적의 장소였고, 마음만 있다면 지방 소도시에서도 온라인을 통해 다양한 도전이 가능합니다.

도전과는 거리가 먼 삶을 살았던 제가 이제는 도전이라는 글자에 가슴이 뛰는 사람이 되었습니다. 그것은 저를 알고, 저를 사랑하고, 제 이야기에 귀를 기울였기에 가능했습니다. 지금 당신이 아무것도 하기 싫고 무력하다면 그것은 당신에게 관심이 없기 때문입니다. 작은 서랍을 열어 당신이 어떤 사람인지 살펴보세요. 왜 쓸모없는 물건임에도 가지고 있는지, 왜 버리지 못하는지 자신과 이야기를 나눠보세요. 그런 시간이 지나면 당신은 당신의 가치를 알게 될 것입니다.

나는 (추억)을 소중히 하는 사람입니다.
나는 (가족)을 아끼는 사람입니다.
나는 (취미)가 많은 사람입니다.

괄호 안에 당신은 어떤 것을 넣을 수 있나요? 당신에 대해 솔직하게 당신 자신에게 이야기해주세요. 자신을 사랑하는 사람만이 도전할 수 있습니다.

비워야 성공한다

운을 끌어당기는 첫걸음

운을 끌어당기는 사람

M은 대체 왜 물건을 버려야 하는지 이해하지 못했습니다. 하지만 그녀의 지인 중에 자신이 항상 운이 좋고, 일이 잘 풀린다며 삶의 긍정적인 부분을 확대해서 보는 사람이 있었습니다. 그녀는 미니멀리스트. 매사에 자신감이 넘치고 부드럽고 상냥하지만 의사가 분명한 그녀. 그녀가 닮고 싶어 비우기 시작했습니다. 그녀는 어떻게 운을 끌어당기는 사람이 됐을까요?

운을 끌어당기기 위해서 가장 필요한 것은 불필요한 것을 비워내고 기운이 순환되게 하는 것입니다. 저는 아침에 일어나면 제일 먼저 환기를 합니다. 밤새 묵혀두었던 공기가 새

공기로 순환되면서 좋은 에너지가 저에게 다가옵니다. 그 에너지는 저에게 새로운 것을 시작할 수 있는 힘을 줍니다. 그 속에는 운이 가만히 자리 잡고 있지요. 가만히 앉아 기다리지만 말고 당신의 운을 찾아내세요. 운은 당신이 발견하고 만들어가야 하는 것입니다. 명상과 집안 정리 역시 운을 끌어당기는 가성비 좋은 방법이지요. 명상을 하며 마음을 가라앉히고 집안 정리를 하며 주변을 돌보면 좋은 에너지가 생깁니다.

저절로 생기는 감사의 마음

그런데 단순히 깨끗한 공기가 들어와 환경이 깨끗해져서 운이 들어오는 것일까요?

아닙니다. 마음을 돌보고 주변을 돌본다는 것은 감사하는 마음이 생기게 만들기 때문입니다. 제가 진행하는 프로젝트 중 〈당신의 인생을 정리해드립니다!〉라는 프로젝트가 있습니다. 저는 프로젝트에 참여하시는 분들에게 '매일 식탁을 아침, 저녁으로 닦으세요'라는 미션을 드립니다. 그러면 놀라운 변화가 일어납니다. 처음에는 '대체 그게 무슨 의미가 있어? 굳이 그렇게까지 해야 할까?'라고 생각했던 분들도 일주일이 지나가면 미션의 의미를 어렴풋이 알 것 같다는 피드백을 해옵니다. 이 주일이 지나면 식탁이 집에서 가장 사랑하는 곳이 됐다고, 자신의 집과 가족을 다시 보게 됐다고 말하는 분들이 나타납니다.

이것이 감사하는 마음입니다. 주변을 정리하며 자신의 마음을 돌보게 되니 비로소 자신이 가진 것들이 보이고 감사하게 되는 것이지요. 밖으로 돌렸던 시선이 안으로 돌아오게 됩니다. 감사의 마음은 한없이 많은 번영과 운을 끌어옵니다. 이것은 지금껏 수많은 부를 일궈낸 사람들이 입을 모아 말하는 것이지요.

하지만 감사의 마음은 매일 제대로 식탁을 닦은 분들만이 느낄 수 있는 특권입니다. 감사의 마음은 사랑과 같이 억지로 만들어질 수 있는 것이 아닙니다. 이 마음이 저절로 우러나올 때 행운의 스위치가 반짝 켜졌다고 보면 됩니다. 자, 이제 당신이 할 일은 매일 아침, 저녁으로 식탁을 닦는 것입니다. 그러면 곧 행운의 스위치가 딸깍하고 켜질 것입니다. 그 느낌을 느낀 순간, 그것을 놓치지 말고 잡아두세요. 그것을 지속해나가는 것이 중요합니다.

감사를 배로 만드는 방법
감사의 마음을 감사로만 그친다면 운을 이어나갈 수 없습니다. 감사를 주변인들과 나눌 때 그것은 배가 되어 당신에게 운으로 다가옵니다. 당신의 감사한 마음을 나누는 방법에는 무엇이 있을까요? 그것은 상대방의 입장이 되어보면 쉽

습니다. '상대방이라면 나에게 어떤 것을 원할까?'

이 질문을 통해 당신은 자신의 재능을 찾을 수도 있습니다. 재능이 없다고요? 아닙니다. 좀 더 생각해보세요. 그래도 막막하다면 주변을 둘러보세요. 재능기부로 여러 가지를 나누는 사람들이 많습니다. 그들을 통해 배우고 그것을 다시 나누세요. 이것이야말로 선한 영향력입니다.

'저는 재능기부를 할 만한 여건도 되지 않습니다'라고 말하는 분들을 위해 제가 하나의 이야기를 들려드리겠습니다. 미즈노 남보쿠의 『절제의 성공학』에 나오는 이야기입니다. 남에게 베풀 것이 없다는 질문자에게 남보쿠는 이렇게 말을 합니다. "그렇다면 음식을 절제하세요." 내가 눈앞에 있는 음식을 절제하는 것이 어떻게 타인을 도울 수 있을까요? 내 입으로 음식을 넣지 않으면 다른 배고픈 이에게 음식이 돌아갈 수 있습니다. 그리고 애초에 자연에게서 음식을 거둬들이지 않아도 되니 자연에게도 덕을 쌓는 것이지요.

이렇듯 마음만 먹으면 우리는 충분히 베풀 수 있습니다. 제가 처음 글을 쓰기 시작할 때, 저는 참 감사했습니다. 평범한 전업주부가 글을 쓸 수 있다는 사실도, 유명인도 아닌 사람의 글을 읽어주고 댓글을 남겨주는 사람들이 있다는 것도. 그래서 찾아오는 사람들에게 감사의 마음을 표시하기 위해 글에 온 정성을 다했습니다. 사람들이 내 블로그에 찾아와서

적어도 시간 낭비는 하게 하지 말자!라는 생각으로 나름의 보답을 실행했습니다. 감사의 마음을 나눔으로 이어간 것이지요.

블로그에 글을 쓰면서도 책을 쓴다는 마음으로 글에 마음을 담았더니 그것이 금세 출간계약으로 이어졌습니다. 그렇게 마음속에 품은 작가의 꿈을 이루게 됐습니다. 고작 글을 쓰기 시작한 지 몇 개월도 되지 않은 시점에 이런 일이 이루어진 것은 모두 감사의 마음과 나누고자 하는 행동이 있었기 때문입니다.

그 후로 저의 재능 나눔은 불이 붙어, 글쓰기 나눔, 정리비법 나눔 등으로 이어지고 있습니다. 매일 어떤 좋은 일로 사람들을 기쁘게 할까 생각하면 참 행복합니다. 이미 이런 마음으로 충분한 보상을 받았는데 여러 가지 일로 또 다른 보상을 받으니 과분할 따름입니다. 감사하는 마음과 더불어 그것이 나눔이라는 행동으로 이어질 때 운은 찾아온다고 생각합니다.

03

성공하고 싶다면 비움에 투자하라

오늘도 마음이 따르는 대로 행동했나요?

저는 매일 아침 이렇게 질문합니다.

"오늘도 내 마음이 따르는 대로 행동할 것인가?" "왜 그래야 하는가?"

제가 마음에 따라 행동하는 이유는 그것이 저에게도 그리고 제 주변 사람들에게도 좋은 영향을 끼치기 때문입니다. 그렇게 제 인생이 올바르게 마음에 따라 가고 있는지 매일 점검합니다. 이렇게 아침마다 시간을 내어 인생에게 좋은 질문을 하는 것이 저는 저에 대한 투자라고 생각합니다.

그렇다면 우리는 어떤 질문을 해야 할까요? 부정적인 질문보다는 우리의 마음을 다스려 마음의 평정을 찾을 수 있게 해주는 질문이 좋습니다. 하지만 정해진 답은 없습니다. 100가지 인생에는 100가지 자아가 있듯이 모두에게 필요한 질문은 다르기 때문입니다. 마음을 단정히 하면 자신에게 진짜 필요한 질문이 스스로의 내면에서 불현듯 떠오를 것입니다. 딱 알맞은 때에 나에게 꼭 맞는 맞춤 질문이 나타납니다. 다만, 우리가 그것을 알아차리지 못할 뿐이지요.

우리가 그것을 알아차리지 못하는 것은 외적으로 내적으로 번잡하기 때문입니다. 세상은 바삐 돌아가고 우리는 그 안에서 해야 할 역할들이 있습니다. 주중에는 직장에서 일을 하고, 주말에는 주중에 못했던 만남을 이어나가느라 바쁩니다. 휴가나 여행을 가도 명소나 맛집을 찾아다니며 사진이라는 흔적을 남겨야 하기에 휴식이라기보다는 미션 완료의 느낌입니다. 하지만 정작 그 안에 나는 없습니다. 진정한 쉼표를 통해 나를 만나야 좋은 질문을 얻을 수 있습니다.

저의 경우, 그런 질문은 몸과 마음을 비울 때 일어납니다. 고요한 새벽 명상을 하거나 집안을 정리하고 불필요한 물건과 더러운 먼지를 비워낼 때 질문이 나에게 다가옵니다. 그 질문이 어떤 먼 곳에서 나에게 찾아온 것이 아니라 내 안에서 나온 것임을 직감적으로 느낄 수 있습니다. 질문뿐만 아니라 성장과 부에 도움이 되는 아이디어 또한 이렇게 찾아옵니다.

당신은 매일 어떤 질문을 하고 있나요?

일본에서 개인 납세자로 세금을 가장 많이 낸 사업가 중 한 명인 사이토 히토리 역시 질문의 중요성에 대해 이야기합니다. 그는 매일 '오늘도 인생을 즐겼는가?', '남에게 친절하게 대했는가?'를 질문하며, 자신이 즐겁지 않았다거나 상대방이 즐겁지 않았다면 어딘가 잘못됐다는 신호로 여겼다고 합니다.

스티브 잡스는 스탠퍼드대학 연설에서 이렇게 이야기했지요.

"오늘이 인생의 마지막 날이라면 지금 하고 있는 일을 할 것인가? 며칠 연속 'NO!'라는 대답을 얻을 때마다 나는 변화가 필요하다는 것을 알게 됩니다. 곧 죽는다는 생각은 인생의 결단을 내릴 때마다 중요한 도구였습니다."

자신의 삶을 온전히 자신의 것으로 만든 이들은 항상 자신에게 중요한 질문을 던집니다. 그 질문을 얻는 방법은 다양하지만, 번잡하고 혼란스러운 마음을 가라앉히고 내면의 세계를 여행하는 것이 공통점입니다. 인생에는 여러 가지 변수와 사건이 찾아옵니다. 그래서 그때그때 상황에 맞는 질문이 필요합니다.

질문을 찾는 자세는 받아들이기 어려운 불운도 받아들이게 만듭니다. 불운 또한 그대로 인식해야 행운도 불러올 수

비워야 성공한다

있습니다. 성공을 향해 달리다 보면 브레이크가 걸려 주춤하는 경우도 생깁니다. 질문은 그것을 그대로 인식하고 나아갈 수 있는 힘을 길러줍니다. 주변을 정리하고 마음을 비우고 자신에게 질문을 던져보세요. 그것은 성공을 준비하기 위한, 성공을 하기 위한 작지만 효율성이 큰 투자입니다.

04

비움 습관, 이기는 습관

이기고 시작하는 하루

매일 아침, 당신은 어떻게 하루를 시작하나요? 저는 커피를 마시면서 하루를 시작합니다. 커피를 좋아하는 저에겐 커피를 마시는 것 자체가 하루를 잘 살아갈 동기부여가 됩니다. 게다가 커피 마시기는 이미 습관이 되어버린 일이기에 저의 에너지가 들어가지 않지요. 제가 커피 마시기를 하루의 일정 첫 번째에 넣는 이유는 그것이 작은 행동이기 때문입니다. 제가 좋아하는 일이기에 쉽고 재밌습니다. 그리고 시간이 오래 걸리지도 않아요. 그래서 언제나, 항상, 거의 성공하는 리스트 중 하나입니다.

저는 이렇게 하루를 이기고 시작합니다. 커피 마시기를 리스트에 적고 커피를 마신 후 저는 이것을 리스트에서 지움니다. 어라? 일어나자마자 아무런 노력도 없이 일정 하나를 지웠네요? 이렇게 쉬울 수가! 이렇게 리스트 하나를 비우고 저는 하루를 살아갈 힘을 얻습니다.

미 해군대장 맥 레이븐은 이렇게 이야기합니다.

"세상을 변화시키고 싶으세요? 침대 정리부터 똑바로 하세요. 매일 아침 침대 정리를 한다면 여러분은 그날의 첫 번째 과업을 완성하는 것입니다. 그것은 여러분에게 작은 뿌듯함을 줄 것입니다. 그리고 다음 과업을 수행할 용기를 줄 것입니다."

그는 이렇게 아침에 일어나 작은 리스트를 지우는 것이 그날 하루의 다른 일들과 앞으로의 과업에 큰 영향을 미친다고 강조합니다.

영어회화업계 1위인 야나두의 김민철 대표도 비슷한 이야기를 합니다. 사업에 실패한 그를 다시 일어나게 한 힘은 작은 과업을 지워나가는 것이었습니다. 사업 실패로 인한 두려움을 하루 세 번 양치질하기와 밥 세 끼 먹기로 이겨냈다고 합니다. 실패의 처참함으로 그 무엇도 확신할 수 없을 때 100% 성공할 수 있는 일들을 쌓아가면서 다시 시작할 수 있는 힘을 얻었다고 합니다.

작은 일은 작지 않다

작은 과업을 이루는 것은 우리에게 이토록 중요합니다. 우리가 사소하게 생각하는 아침의 침대 정리정돈, 하루 세 번 양치질, 세 끼 식사. 이런 일상적인 루틴을 이뤄가는 습관은 그 무엇도 해낼 수 있는 힘을 줍니다.

큰일을 해나가는 것 역시 중요합니다. 하지만 그 이전에 작은 일을 쌓아감으로써 큰일에 대한 담력과 근력, 그리고 용기를 기르는 것이 필요합니다. 작은 일을 하찮게 여기는 사람은 큰일에서 성공할 수 없습니다. 사실 큰일과 작은 일은 우리가 마음으로 판단하는 것일 뿐, 그것들이 반복되어 쌓여 나에게 좋은 영향력을 주는 것은 큰일이나 작은 일이 똑같습니다. 작은 일을 큰일처럼 해내면 작은 일도 큰일이 되고 큰일을 성취한 것과 같은 효과가 있다는 이야기입니다.

작은 성취로 큰 기쁨과 동기부여, 그리고 마음의 신뢰를 쌓는다면 참으로 가성비가 좋은 것 아닐까요? 우리는 대부분 돈이 되는 일, 많은 사람이 지켜보는 일, 우리가 사회적으로 도약할 수 있는 일만 큰일로 생각합니다. 하지만 작은 일을 큰일처럼 한다면 당신은 전혀 다른 사람이 되어 있을 것입니다. 즉, 성공해 있을 것입니다. 왜냐면 성공한 이들이 대부분 그런 마인드를 가지고 성공을 일궈냈기 때문이지요.

큰일을 해야겠다고 마음먹기보다는 매일 작은 행동들을 리스트에서 지워나가고 머릿속을 비워주세요. 도전하기도 어려운 큰일에 에너지를 쏟으며 골머리를 앓느니 그 에너지를 작은 일을 쌓아가는 데 쓰세요. 결국 그것이 당신을 이기게 해줄 것입니다.

저는 이 작은 습관의 힘을 체감하고 〈이시하 리스트 프로젝트〉를 진행하고 있습니다. '이시하'는 '이기고 시작하는 하루'의 줄임말입니다. 정말 사소하고 내가 에너지를 거의 소비하지 않고도 실행 가능한 습관을 선정하여 아침에 일어나자마자 실행하는 것이 이 프로젝트의 미션입니다. 미션 리스트에는 '커피 한 잔 마시기, 물 한 컵 마시기, 한 줄 일기 쓰기, 양치하기, 세수하기, 머리 감기'와 같은 정말 사소한 것들을 추천합니다. 이외에도 자신이 좋아하거나 시간이 걸리지 않는 것이 좋습니다. 그래야 아주 쉽게 달성하고 하루를 이기고 시작할 수 있기 때문입니다.

어쩌면 우리는 리스트에 할 일만 가득 적어놓고 정작 내가 원하는, 정말 좋아하는 일에는 관심이 없는 것 같습니다. 해야 할 일 많은 이 세상에 내가 좋아하는 일 하나쯤 껴 넣어보고, 그리고 그 리스트를 지워나가 보세요. 당신은 그 작은 리스트를 비움으로써 하루를 시작하는 자신에게 칭찬을 해줄 수 있을 것이고, 그것으로 인해 또다시 하루를 살아갈 힘을 얻을 것입니다.

05

잠재의식을 깨우는 비움

내 몸과 마음, 그리고 의식이 따르는 일

몸과 마음은 연결되어 있습니다. 마음이 몸을 따르기도 하고, 몸이 마음을 따르기도 합니다. 몸과 마음은 상호작용하며 잠재의식에 영향을 줍니다. 마음은 행하고 싶지 않은데 몸을 움직이는 것, 즉 마음은 없는데 억지로 하는 것, 혹은 머리로는 생각하고 있으나 몸은 정반대로 행동하는 것은 잠재의식에 좋지 않은 영향을 줍니다. 잠재의식에 제대로 된 생각을 심기 위해서는 몸과 마음, 그리고 의식이 일치해야 합니다. 내 마음이 하고자 하는 일에 동해야 하고, 행동이 그에 따라줘야 하며, 잠재된 의식이 몸과 마음을 도와야 하는 것입니다.

그렇다면 내 마음이 동하는 일은 무엇일까요? 혹자는 내 마음이 동하건 동하지 않건 주어진 일을 열심히 하면 된다고 하지만 그 말은 절반만 맞고 절반은 맞지 않습니다. 자신에게 주어진 일을 열심히 해야 하는 것은 당연한 것이지만, 그것이 나와 더 잘 맞는 일이면 더 좋습니다. 하지만 대부분 자신에게 맞는 일을 적극적으로 찾지 않고 기다리기만 합니다.

우리의 역할과 의무, 삶의 의미는 주어지는 것이 아닙니다. 극적으로, 운명적으로 우리에게 다가올 것 같지만 그렇지 않습니다. 그저 감나무 아래에서 떨어지는 감을 기다리듯 기다리기만 했기 때문에 원하지 않는 의무와 책임을 안고 살아가는 것입니다. 적극적으로 자신의 마음이 따르는 일을 찾아야만 합니다.

어찌 보면 그것은 인생이라는 길을 살아가는 우리의 의무일지도 모르겠습니다. 100세 시대에 자신이 좋아하는 것을 업으로 삼아 살아간다면 긴 인생에서 얼마나 큰 행복일까요? 한번 사는 인생이지만 길어진 인생입니다. 그래서 좋아하는 일을 적극적으로 찾는 것이 무엇보다 중요합니다.

가슴을 뛰게 하는 일, 어떻게 찾아야 할까?

그렇다면 나의 가슴을 뛰게 하는 일은 어떻게 찾아야 할까요? 저는 비움으로써 그 일을 찾았습니다. 주변과 몸, 마음을 비우고 나와의 대화를 끊임없이 해나가다 보면 자신의 마음속 소리를 듣게 됩니다. 그 소리를 따라가면 되는 것입니다. 하지만 많은 이들이 자신이 좋아하는 일이 무엇인지 모르겠다고 토로합니다. 그 이유는 두 가지입니다. 자신이 좋아하는 일을 정말로 모르거나, 어렴풋이 알고는 있으나 확신이 없는 경우입니다.

전자의 경우라면 비움의 과정을 통해 그것을 찾아야 하고, 후자라면 자신과 대면하는 시간을 좀 더 늘리거나, 타인의 이야기에 휘둘리지 않는 배포를 가져야 합니다. 타인의 기준이나 사회적 기준을 끼워 넣는 순간 가슴이 뛰는 일은 흐려지고 도망가 버립니다.

매일 매일 하나씩 비워나가고 주변을 정리하면서 작은 일부터 돌보다 보면 자신이 좋아하는 일이 (타인 혹은 사회적 기준으로) 하찮다 하더라도 흔들리지 않게 됩니다. 오랜 시간 비워나가며 핵심적인 자신의 생각과 가치관을 정립하였고, 남들은 사소하게 생각하는 주변 정리를 긴 시간 매일 해옴으로써 사소한 것을 사소하게 보지 않는 힘이 생기기 때문입니다.

스님들은 수행의 방법으로 주변을 깨끗하게 하는 노동을 합니다. 경당과 경당 밖을 걸레와 빗자루로 반질반질하게 만듭니다. 이 행동으로 스님들은 마음을 닦습니다. 그리고 매일 경전을 읽고 마음을 열면서 몸에 동기부여를 합니다. 몸이 마음을 자극하고 마음이 몸을 움직이게 합니다. 이 모든 행동들은 스님들의 무의식에 진리를 계속적으로 주입합니다. 우리도 이와 같이 행하면 됩니다. 비움을 수행과 같이 해보세요. 비우고 또 비우고 정리하고 또 정리하세요. 그리고 자신의 마음에 쉼 없이 질문을 던지세요. 그렇게 한다면 어느 순간 자신의 가슴이 뛰는 일을 찾게 됩니다. 꿈을 찾은 후에도 비움을 지속한다면 당신을 가슴 뛰게 하는 꿈이 어느 순간 당신의 무의식에 깊게 새겨질 것입니다.

비우는 자, 시간을 지배하는 자

시간이 남아도는 삶, 경험해보고 싶으신가요?

제가 비움을 지속적으로 하는 이유 중 하나는 깔끔한 공간으로 인해 생기는 시간적 여유 때문입니다. 물건이 적으면 당연히 집안일이 줄어들고 살림이 루틴화됩니다. 살림이 루틴화되었다는 것은 내가 아닌 다른 누군가가 살림을 한다고 해도 문제가 없음을 의미합니다.

제가 가장 비움을 가열하게 했던 때는 둘째 아이의 출산 직전이었습니다. 둘째 아이를 깨끗한 집에서 맞이하고 싶기도 했지만, 아이를 출산하고 조리원 생활까지 이어지니 긴 시간 동안 첫째 아이와 남편만 단둘이서 집에서 지내게 되었지요. 육아만으로도 힘든데 살림살이가 익숙하지 않으면 남편도 힘들고 아이도 엄마의 빈자리를 더 느낄 것 같았습니다. 그래서 제가 없어도 물건을 찾지 않고 살림을 해나갈 수 있도록 물건을 최대한 줄였습니다.

콘도나 펜션에 가면 꼭 필요한 물건이 있어야 할 자리에 배치되어 있지요? 그 방식을 적용했습니다. 이렇게 집안을 정비하고 아이의 식사시간만 알려준 후 저는 출산을 하러 떠났습니다. 출산과 조리원 생활까지 2주가 넘게 남편은 한 번도 저에게 질문을 하지 않았습니다. 보통은 '여보, ○○ 어디에 있어?'라고 물어볼 법도 한데 말이지요. 저 역시 처음에는 조금 걱정이 되었지만 나름 살림의 규칙을 만들어놓았으니 걱정하지 않고 둘째와 푹 쉬다가 집으로 돌아왔습니다.

일하는 엄마에게 꼭 필요한 일, 비움

비움이 출산 때에만 빛을 발했던 것은 아닙니다. 아이들이 어느 정도 자라고 제가 다시 일을 시작했을 때, 장거리 출장을 가거나 혼자 잠시 외출하게 될 때에도 저는 걱정 없이 집을 비울 수 있었습니다. 물론 남편이 적극적으로 육아에 참여해준 덕분이기도 하지만, 이 역시 비움을 통해 살림이 간소화되고 가족들의 전체적인 생활패턴이 단순화되었기에 가능한 일이었습니다.

복잡한 것을 싫어하는 남자들의 특성상 집안일에 체계가 있고 육아에 순서를 정해두면 그것을 비교적 쉽게 실행하더군요. 남편이 말하기를, 정확하게 설명하긴 어렵지만 무언가

일사분란함이 있어서 제가 없을 때도 집안일을 살피고 아이들을 돌보기가 편했다고 합니다. 복잡하게 생각할 필요 없이 정해진 대로 지키기만 하면 되니까요.

비움 덕분에 저는 육아도 일도 마음 편하게 해나갈 수 있었습니다. 비움을 통해 제 일에서도 우선순위가 정해지니 일의 효율성도 높습니다. 일에서의 중요도를 잘 알고, 그것이 타인이 아닌 제가 정한 것이기에 일을 해나갈 때도 에너지 있게 할 수 있습니다. 저는 어떤 일이건 원고작업과 상담을 우선시합니다. 제가 좋아하는 일이자 잘하고 싶고 평생 하고 싶은 일이라 생각하기 때문입니다. 그 외의 일은 주어지는 대로 그때그때 열심히 합니다.

프리랜서의 특성상 하루가 일정한 양상을 띠지 않기에 스스로 기준을 잡고 일을 루틴화하는 것이 중요합니다. 저는 나름의 동기부여 방법도 여러 개 가지고 있어서 혼자서 일할 때 올 수 있는 슬럼프도 극복 가능합니다. 이 또한 비움을 통해 나를 잘 알게 되었기에 가능한 일입니다. 어찌 보면 비움은 단순한 물건 버림이 아닌 자아성찰의 시간인 셈입니다.

꼼꼼한 제 성격상 모든 일을 루틴화하는 것이 잘 맞았습니다. 루틴으로 만들면 에너지가 적게 들고 빠져나가는 일이 없어 실수가 줄어듭니다. 삶을 단순화했더니 저절로 루틴이 잡히고 좋아하는 일에 시간을 투자하게 되었습니다.

삶이 단순화되면 왜 루틴화가 될까요? 그 이유는 시간이 남게 되기 때문입니다. 쓸데없는 물건을 버리면서 생각들이 정리되고 몸과 마음에 여유가 생겨 시간이 남습니다. 삶에 여유가 생기니 자신에 대해 돌아보게 됩니다. 그러면 자신이 좋아하는 것을 알게 되고 남는 시간을 그것을 위해 쓰게 됩니다. 남은 시간에 자신이 깨달은 자신이 원하는 것들만 순서를 정해서 하면 되니 저절로 삶과 꿈의 루틴화가 이루어집니다. 환상적인 사이클 아닌가요? 비움-시간적 여유-내면 성찰-적성 발견-꿈을 위한 시간 투자.

여백이 많은 공간에서 제 스스로 선택한 일을 하며 스스로 알차게 동기부여하며 일하고 있는 지금, 비움이라는 가치관을 만난 것이 참으로 행운이라는 생각이 듭니다. 그 덕분에 저는 안락하고 깔끔한 집에서 홀가분한 마음으로 제가 좋아하는 일에 매진할 수 있으니까요.

지금 좌절감, 무력감, 비참함 등을 느끼나요? 좋습니다. 당신은 아
주 좋은 신호를 감지했습니다. 이제 그 감정을 충분히 받아들이세요.
그리고 찾아내세요. 당신에게 환희, 충만함, 나눔을 느끼게 할 그 무
엇을. 그것은 당신 내면에 있습니다. 그 누구에게도 물어보지 말고
마음과 대화해보고, 그것을 찾아내세요. 그리고 흔들릴 때마다 다시
마음을 찾아가세요.

5장

무엇을,

어떻게 비워야 할까?

01

공간의 비움

좋아하는 공간에 살고 있나요?

공간을 비운다는 것은 무엇일까요? 아무것도 없이 집을 텅 비우는 것? 혹은 나와 있는 물건 없이 모두 집어넣어 정리하는 것?

각자 자신이 생각하는 공간에 대한 이상적인 그림을 가지고 있을 것입니다. 공간을 비운다는 것의 정확한 뜻은 사전도, 타인도 정의해줄 수 없어요. 공간을 비운다는 것은 지극히 개인적인 영역이기 때문입니다. 그렇기 때문에 제가 상담을 할 때 꼭 하고 넘어가는 질문이 있습니다. 저는 상담에 앞서 "집에서 자신이 가장 좋아하는 공간은 어디인가요? 작은한 귀퉁이, 싱크대 언저리, 벽의 일부라도 좋아요. 그런 곳을 찾아보세요. 없다면, '없다'로 적어주세요"라고 말합니다.

이에 대해서는 다양한 답변들이 돌아옵니다. 그 답변들을 예시로 보여드리겠습니다. 자신의 공간을 반추해보는 데 도움이 될 것입니다.

답변 1 부엌. 음악을 듣고 식탁에 앉아 책 보는 것을 즐깁니다. 부엌의 싱크대를 바라보는 그것만으로도 행복할 때가 있습니다.

답변 2 화장실. 온전히 혼자 있을 수 있는 공간입니다.

답변 3 가족 모두가 출근, 등원한 다음 깔끔하게 치워진 식탁, 혹은 아이의 책상. 가족이 잠든 후, 혼자서 아이 책상에서 일기를 쓰거나 책을 봅니다.

답변 4 싹 치워진 식탁. 싹 치워진 식탁은 뭐든 할 수 있는 공간.

답변 5 침대와 내 방. 그렇지만 정리가 되어 있지 않아 온갖 잡동사니들만 쌓여 있어 잘 가지 않게 된다.

답변 6 큰 책상이 있는 방, 싱크대(위에 아무것도 없을 때), 알파룸(거의 비어 있는 공간).

답변 7 마루 소파와 나무의자.

무엇을, 어떻게 비워야 할까?

답변을 통해 많은 이들이 아무것도 없는 심플한 공간, 혹은 자신만의 공간에서 여유를 가지고 명상을 하거나 사유하기를 원하는 걸 알 수 있습니다. 이러한 질문에 답을 함으로써 자신의 감정과 느낌을 반영하여 공간을 한 번 더 돌아보고 공간과 친밀해지는 시간을 가질 수 있습니다. 친하지 않은 공간을 정리하고 청소하며 돌보고 마음에 들게 바꾸기는 힘든 것이지요. 하지만 만약 자신의 공간에 변화가 필요하다 느낀다면 따뜻한 마음을 담아 집안 곳곳을 둘러보세요. 그것이 변화의 시작입니다.

초수, 중수, 고수의 '나만의 이상적인 공간'을 만드는 법

이 질문을 토대로 상담자의 상황에 맞게 솔루션을 제시합니다.

초수. 즉 자신이 좋아하는 공간이 없거나 극히 일부일 경우, 혹은 그러한 공간을 만든 지 얼마 되지 않은 경우에는 공간 그 자체를 느끼는 것부터 시작합니다. 공간의 긍정적인 기운을 느끼는 것이지요. 아침, 저녁으로 그 공간을 정갈하게 관리하고 깨끗하게 닦으며 공간의 무한한 가능성과 에너지를 느낍니다.

중수. 미니멀한 공간이 주는 긍정적인 느낌에 익숙한 경우입니다. 이 경우에는 긍정적인 느낌을 주는 공간을 점차 늘려나가는 것에 초점을 맞춥니다. 이미 여백에 대한 맛을 알기에 늘려나가기는 어렵지 않습니다. 그러한 공간을 늘려 나갈수록 집 전체가 영감의 원천이 되고 휴식 그 자체가 되는 것이죠.

고수. 이미 집 안 전체가 영감이 가득 찬 공간인 경우, 즉 집 자체가 나의 마음에 드는 완벽한 에너지 원천인 경우입니다. 자신의 공간을 음미하고 즐기며 이 공간을 유지하는 단계입니다.

공간을 비운다는 것은 자신에게 영감을 주는 공간을 하나씩 늘려나가는 것과 같습니다. 정갈하고 깨끗한 영감의 원천이 되는 나만의 방, 나만의 공간 만들기입니다.

여러분은 어떠한 공간을 가지고 있나요?
그 공간 안에서 행복한가요?
긍정적인 에너지를 받고 있나요?
충분한 휴식을 취하고 있나요?

무엇을, 어떻게 비워야 할까?

02

돈의 비움

너 돈에 관심 없지?

제가 비움을 가치로 삼고 사는 것을 아는 지인들은 저를 돈에 관심이 없는 도인으로 취급하곤 합니다.

제가 돈에 관한 이야기를 꺼낼라치면 "엥? 너 돈에 관심 없지 않았어?" "검소하게 산다면서 무슨 돈 이야기?"라는 반응이 돌아옵니다.

저는 비움을 추구하지만 돈을 좋아합니다. 오히려 비움에 문외한이던 시절에는 돈에 대해 깊게 생각해본 적이 없었던 것 같습니다. 하지만 지금은 돈에 관심이 많고, 돈을 좋아합니다. 비움을 하며 하나씩 내 삶에 대해 살피다 보면 돈에 대해서도 살펴보지 않을 수 없습니다. 저는 물건에도 기운이 있다고 보듯이 돈에도 기운이 있다고 생각합니다. 둘은 모두 기운, 즉 에너지를 가진 생명체입니다.

돈을 미워하는 사람에게 돈은 오지 않는다

돈의 비움이라는 주제를 들으면 돈을 쓰지 않고 초절약하며 사는 모습을 상상하거나, 수도자처럼 물욕을 비우고 사는 것이라 생각할 수 있습니다. 하지만 우리는 생활인이기에 돈을 벗어나서 살아갈 수 없으며, 돈의 필요와 돈에 대한 욕망을 인정하는 것이 돈을 비울 수 있는 빠른 길이라고 생각합니다.

우리는 돈에 대해 깊이 생각하거나 돈을 좋아하는 것을 '돈을 밝힌다'라고 비웃거나 얕보곤 합니다. 때론 그런 사람을 '속물'이라고 일컫기도 하지요. 하지만 저는 '돈을 미워하는 사람에게는 절대 돈이 들어오지 않는다'라는 말에 적극 동감합니다. 돈이 모든 것에 우선시될 수는 없지만, 우리가 추구해야 하는 가치 중 하나임은 분명합니다.

돈의 가치에 대해서 잘 모르면서 우리가 그것을 추구할 수 있을까요? 잘 모르는 것을 좋아할 수는 없습니다. 그렇다면 부자가 되기도 어렵습니다. 모두가 부자를 목표로 하진 않지만 돈을 쓰고 살아가는 생활인으로서 돈에 대해 공부하고, 돈을 아끼고 사랑하는 것은 속물근성이 아닌 삶에 대한, 생활에 대한 예의입니다. 돈에 대해 알아야 불필요한 돈에 대한 오해를 비우고 우리는 더 풍요로운 삶을 영위할 수 있습니다.

저희 부부는 돈에 대한 이야기를 자주 나누곤 합니다. 그 대화의 일부를 이 책에 옮겨봅니다.

남편: 돈은 자식이야. 돈을 대하는 자세를 생각해보면 자식을 대하는 자세와 같아. 자식을 아끼고 사랑한다고 해서 움켜쥐거나 가두면 그 아이는 내 그늘에서만 자라게 돼. 자식을 정말 사랑하는 마음으로 키워서 결국은 세상 속으로 뻗어나갈 수 있게 도와줘야 해. 세상의 좋은 밑거름이 될 수 있게, 좋은 에너지가 될 수 있게 하는 게 부모의 몫이야.

남편: 우리가 아이들을 아끼고 잘 키우는 것이 다가 아니라 잘 자라서 세상에 이로운 사람이 된다면, 그것이 부모로서 가장 행복한 일이 아닐까?

미소: 맞아, 잘 키워 세상에 나가서 당차게 자기 꿈을 펼치면 얼마나 기특하고 이쁠까? 돈도 마찬가지로 그 돈이 좋은 기운으로 부를 스스로 늘리고 누군가에게 도움이 되면 정말 좋을 거야. 돈을 쓸 때는 유념하고 쓰면 좋을 듯해. 쓸 때마다 '감사한 돈아, 세상에 가서 좋은 일을 하고 밑거름이 되거라', 커피 하나를 먹어도 '아, 이 커피 사 먹을 수 있어 감사하다',

'이런 경제적 능력이 허락돼서 다행이다', 그리고 한편으로는 '그래, 나는 이 권리를 누릴 자격이 있어'라고 생각하면서.

미소: 이렇게 돈에 대해 이야기를 나누니 좋다. 어떻게 모으고 어떻게 불릴지도 중요하지만 이런 원론적인 이야기도 꼭 필요한 것 같아. 그래야 그 본질에 대해 잊질 않게 되지.

남편: 돈의 가치를 알고 활용해야 해. 은행, 금고에만 넣어 놓는 것보단 아이 키우는 방식을 공부하듯이 투자 공부도 해야 해. 내가 모르고 컨트롤하지 못하는 투자를 하는 것은 내 자식에 대해 아무것도 모르는 사람한테 그냥 애를 맡기는 거랑 같은 거야. 아끼지 않는 마음으로 대하면 돈은 떠날 거야. 자기가 아이들 어릴 때는 엄마가 살피고 키우는 게 좋다고 말한 것처럼 돈도 아기 돈일 때는 정말 꼼꼼하게 관리를 해 주고 정성을 다해서 키워야 해. 그러면 청년 돈, 성인 돈이 됐을 때 내가 신경을 덜 써도 스스로 나아갈 수 있어.

미소: 세 살 버릇 평생 가네? 나 이제 가계부 쓸래. 가계부 쓰면서 아기 돈 아껴주고 관리 잘 해야겠다. 아이들도 돈도 잘 양육해야지.

03

관계의 비움

나로 살아가는 기쁨

비움에 대한 상담을 하다 보면 공간에 대한 비움 못지않게 많이 받는 질문이 인간관계에 대한 질문입니다. 우리는 사회적 동물이기 때문이지요. 우리가 삶에서 가장 고심하며 신중하게 해나가는 것 중 하나가 인간관계일 것 같아요. 그만큼 인간관계는 우리 삶에서 큰 비중을 차지합니다. 과거로 거슬러 올라가 보면 우리는 사회적 관계를 잘 해나갈 때 발전을 해왔고 생존이 가능했습니다. 모이면 살고, 흩어지면 죽던 시절이 있었지요. 하지만 현대 사회인 지금은 관계 못지않게 인간 개인의 존재에 대한 중요성이 부각되고 있습니다.

관계 속에서 갖게 되는 고민 중 가장 큰 요소는 '갈등'일 것입니다. 관계에는 '내 안의 진짜 모습'과 '사람들이 나에게 원하는 모습'이 있습니다. 그것들 간의 괴리가 커질 때 우리는 갈등하게 됩니다. 관계가 다양해지고 커질수록 그 괴리도 함께 자라나고 갈등도 증폭됩니다.

다음은 세계적인 영성가인 아니타 무르자니의 저서 『나로 살아가는 기쁨』에 나온 이야기입니다. 아니타 무르자니에게 어떤 이가 이와 같이 질문합니다.

"그러니까 다른 사람들을 기운 나게 하기 위해 노력할 필요가 없는 건가요? 저 자신만 돌보면 되고, 제가 믿는 일, 제가 열정을 느끼는 일을 찾고, 거기서 배운 것을 진심을 다해 나누기만 하면 되는 건가요?"

그녀는 이렇게 대답합니다.

"네. 다른 사람들을 기운 나게 하려고 애쓰는 순간, 혹은 다른 사람들이 듣고자 하는 말을 하려고 애쓰거나 그들이 바라는 사람이 되려고 애쓰는 순간, 우리는 자신을 속이게 됩니다. 가슴이 아니라 머리로 살게 되는 거죠. 그러나 가슴으로 살 때, 우리는 메시지가 우리한테서 나오는 것이 아니라 우리를 통해서 나올 수 있도록 허락하게 됩니다. 저는 무엇보다 자신에게 진실하라고 말하고 다녀요."

나 자신을 더 사랑하고 나 자신이 원하는 것을 하면서 '자연스럽게 긍정적인 상태'가 되어야 함을 그녀는 이야기합니

무엇을, 어떻게 비워야 할까?

다. 세상에 나가 부딪히다 보면 사람들에게 최고의 모습을 보여주고 싶고, 좋은 인상을 남기고 싶어집니다. 하지만 그렇게 하는 순간, 우리는 나 자신을 잃게 됩니다. 나 자신을 있는 그대로 사랑하고, 그것을 자신 있게 타인에게 비출 수 있을 때, 올바른 관계가 시작됩니다.

자연스럽게 긍정적인 상태를 찾는 일

그렇다면 '자연스럽게 긍정적인 상태'는 어떻게 만들어야 할까요?

유튜버 박막례 할머니는 이렇게 말씀하셨지요.

"왜 남한테 장단을 맞추려고 하나. 북 치고 장구 치고 니 하고 싶은 대로 치다 보면 그 장단에 맞추고 싶은 사람들이 와서 춤추는 거여."(『박막례, 이대로 죽을 순 없다』, 박막례)

타인에게 좋은 모습을 보여주려는 마음은 나쁜 것이 아닙니다. 하지만 이것이 억지로 행해질 때, 이 모습은 가식으로 다가갈 것입니다. 억지로 행해지는 노력은 타인에게도 나에게도 부정적인 영향을 끼칩니다. 노력보다 우선되어야 할 것은 기꺼운 마음입니다. 자신이 진정으로 원하는 관계가 어떤 것인지 안다면 노력할 필요가 없겠지요. 저절로 하게 되니까요. 억지 노력보다는 끌리는 마음과 관계에 집중해보시길 바랍니다. 나를 있는 그대로 바라봐주지 않는 이에게 잘 보이려고 노력하는 것보다 나를 있는 그대로 받아들이는 이에게 애정을 쏟고 진심으로 다가가는 것이 훨씬 자연스럽지 않을까요?

"강건함은 당신을 싫어하는 다수보다 좋아하는 소수에 더 신경 쓰는 것이다. 나약함은 당신을 좋아하는 다수보다 싫어하는 소수에 더 신경 쓰는 것이다. 강건함을 선택하라."(『마흔이 되기 전에』, 팀 페리스)

04

건강의 비움

평생 살이 찌지 않게 만드는 방법이 있다고요?

"평생 다이어트하지 않아도 날씬할 수 있는 방법을 알려주겠다!" "음식을 마음껏 먹을 수 있게 해주겠다!"라고 한다면 믿을 수 있을까요?

과거의 저는 다이어트 중독, 운동 중독이었습니다. 원푸드 다이어트, 황제 다이어트, 덴마크 다이어트 등 유행하는 수많은 다이어트는 저를 거쳐 갔고, 운동 또한 헬스, 에어로빅, 요가, 마라톤, 수영, 골프 등 다양하게 섭렵했지요. 극단적으로 식이조절과 운동을 했습니다. 한 끼 식사를 300Kcal로 제한하면서 한 달 넘게 하루에 한 끼만 먹기도 했고, 하루에 네다섯 시간을 운동하는 데 쏟았습니다.

헬스장에 가면 트레이너들이랑 유달리 친한 사람들이 있

습니다. 거의 매일 헬스장에서 사는 사람들. 그게 바로 저였답니다. 그런데도 저는 날씬하지 못했습니다. 물론 날씬할 때도 있었지만 금방 다시 통통해지거나 뚱뚱해졌지요. 다이어트를 잠시 쉬면 통통해졌고, 간혹 식욕이 폭발해서 폭식이라도 하면 금세 뚱뚱한 몸매로 불어났습니다. 거식과 폭식을 반복하다가 원형탈모가 오기도 하고 생리가 멈추기도 했습니다. 거식을 할 때는 거의 굶고, 폭식을 하면 5분 만에 피자라지 사이즈를 해치우는 식이었어요.

돌이켜보면 정말 폭력적으로 몸을 대하던 시절입니다. 데이트할 때도 먹는 것이 부담스러워 저녁 시간은 피했을 정도로 다이어트가 저를 집어삼킨 시절이었지요. 모두 20대 때의 이야기입니다.

다이어트하지 마세요!

현재의 저는 다이어트를 하지 않습니다. 정확히 말하면 억지로 하는 극단적인 다이어트를 하지 않는 것이죠. 다이어트의 사전적 의미는 '식습관, 식이요법'입니다. 사전적인 의미의 다이어트가 아닌 우리가 통상적으로 생각하는 다이어트-열심히 운동하고 식이조절하는-를 하지 않습니다.

그렇다고 매일 인스턴트 식품만 먹어댄다거나 운동을 하지 않고 사는 삶은 아닙니다. 건강식이든 정크 푸드든 먹고 싶은 건 언제든지 먹고, 운동도 하고 싶을 때만 합니다. 그래도 몸무게는 일정하게 유지되고 있습니다. 운동은 주로 요가를 하고 가끔 간헐적 단식으로 비움을 합니다. 두 번의 임신을 하면서 각각 13kg, 18kg 정도 몸무게가 늘었지만 모두 1년 안에 원래 몸무게로 돌아왔습니다. 이렇게 몸무게를 되돌리면서 괴롭게 운동하거나 식이요법을 했던 기억은 한 번도 없습니다. 남편과의 야식 타임도 자주, 즐겁게 즐깁니다. 제 힐링 푸드가 남편이 만들어준 '국물 떡볶이'일 정도로 20대 때와는 달리 음식을 자유롭게 대합니다.

『프랑스 여자는 살찌지 않는다』라는 책에서는 미국 여자와 프랑스 여자의 초콜릿에 대한 시선이 나옵니다.

"미국 여자는 초콜릿을 먹으며 죄책감을 느끼고, 프랑스 여자는 초콜릿을 먹으며 행복감을 느낀다. 프랑스 여자는 무려 1년에 5.5킬로그램의 초콜릿을 먹지만 살이 찌지 않는다."

미국 여자는 타인에게 비치는 초콜릿을 먹는 루저 같은 모습을, 프랑스 여자는 자신 스스로 초콜릿을 즐기는 모습을 인지하는 것이지요. 조금 극단적인 예이지만 공감이 되는 부분입니다.

과거의 나와 현재의 나의 가장 다른 점은 다이어트에 대한 생각의 전환입니다. 20대에는 누군가에게 '내가 어떻게 보일까'라는 생각을 하며 다이어트를 했습니다. 나를 위한 다이어트가 아니라 타인에게 잘 보이기 위한 다이어트였지요. '몸무게 45kg을 만들어 이 스커트를 입으면 정말 섹시하고 예뻐 보일 거야!', 이렇게 생각하며 러닝머신 위를 열심히 뛰었지요.

나와 친해지면 날씬해진다

30대에는 '나를 사랑하는 방법 중의 하나'로 운동을 하고 식단을 관리합니다. 그렇다고 운동하지 않고 식단관리를 하지 않는 나를 사랑하지 않는다는 뜻은 아닙니다. 저는 기본적으로 제가 어떤 음식을 먹든, 어떤 운동을 하든, 어떤 모습이든 저를 사랑합니다. 다만, 더 나를 사랑하는 방법으로 운동과 식단절제를 하는 것뿐이죠. 사랑스러운 나에게 건강한 몸과 좋은 음식을 주고 싶으니까요. 맛의 쾌락도, 한없이 늘어지는 여유도 사랑하지만, 그것을 절제하며 음식을 먹고 운동을 하는 나도 만족스럽습니다. 양쪽 다 밸런스를 맞춰 취합니다. 자연스러운 절제입니다.

여기서 중요한 것은 하기 싫다면 그 어떤 것도 하지 않는다는 것입니다. 제 의견을 존중하는 것이죠. 그리고 사랑스러운 나를 기다려줍니다. 출산 직후 통통 부어 있을 때에도 '지금도 내 모습이 충분히 사랑스럽지만, 더 만족스러운 모습으로 만들 거야'라는 마음가짐으로 느긋하게 저를 바라보았습니다. 통통 불은 제 모습도 사랑하고 있었기에 조급하지 않았습니다. 그래서 무리하게 다이어트하지 않았고 수월하

무엇을, 어떻게 비워야 할까?

게 체중을 감량했습니다. 지금 내 모습이 만족스럽지 못하다고 느낄 때에도 내 모습을 사랑스럽게 봐주어야 살이 빠집니다. 생각해보면 얼마나 기특한가요. 아이를 출산하느라 고생하고 부어 있는 그 모습이.

만약 제가 여전히 타인의 시선으로 제 몸을 바라본다면 이런 글도 쓰지 못했을 테지요. 왜냐면 타인의 시선, 객관적인 시선으로 본다면 저는 완벽한 몸매를 가진 사람이 아니거든요. 하지만 저는 제 기준으로 저에게 만족합니다. 과거 20대의 저는 날씬했을 때도, 뚱뚱했을 때도 사진 찍는 것을 싫어했습니다. 사진을 찍고 나면 부족한 내 모습만 눈에 거슬렸거든요. 하지만 지금은 어딜 가나 사진을 남기려고 합니다. 타인의 시선이 아닌 존재 자체의 나로서 나를 받아들였다는 증거이지요.

나와 친해지면 날씬해지고 건강해집니다. 나와 친해지면 나 자신을 사랑하게 됩니다. 나 자신을 사랑하게 되면 저절로 자연스럽고 아름다운 몸매와 체중을 가지게 됩니다. 내면과 친해지는 저만의 방법으로는 크게 3가지가 있습니다. 이 3가지 방법으로 저는 건강하고 적당한 몸을 유지하고 있지요. 다이어트를 하려고 일부러 한 행동이 아니라 나와 친해지려고 했던 행동들입니다.

쓰고, 움직이고, 먹어라

제가 하는 방법인 글쓰기, 요가하기, 좋아하는 음식 먹기, 이 3가지는 즉 비움과 밀접하게 관련이 있습니다.

글쓰기(생각 비움)를 통해서 내면의 생각을 정리하고 불필요한 생각을 비워냅니다. 부정적인 생각도 전환시킵니다. 글쓰기는 저의 생각을 토해내는 것과 같습니다. 속이 답답할 때는 토해야 속이 시원하지요. 저는 머리가 답답할 때 글쓰기로 토하고 비워냅니다.

그리고 요가(몸 비움)는 제 몸과 친해지는 방법입니다. 요가를 하다 보면 온몸 구석구석과 대화를 나누게 됩니다. 몸 근육 하나하나가 살아 있음이 느껴지지요. 내 몸 구석구석을 돌보며 묵은 기운을 벗겨냅니다. 누구에게나 '내면과 대화를 하게 만드는 운동'이 있다고 생각해요. 괴로워서 억지로 하는 것이 아닌 나에게 맞는 운동이 있습니다. 저는 그것이 요가와 목욕입니다. 목욕도 저에게는 운동과 같은 효과(몸의 비움과 대화)를 주기에 운동에 포함시킵니다.

마지막으로 좋아하는 음식 먹기(마음 비움). '다이어트를 하면 좋아하는 음식을 먹지 못한다!'라는 명제가 성립되어 있지만 저는 반대로 생각해요. 오히려 좋아하는 음식을 먹어서 그 욕구를 비워내야지 날씬한 몸을 만들 수 있습니다. 식욕은 누를 수 있는 게 아닌 본능입니다. 본능이 폭발하기 전에 좋아하는 음식을 먹어주어야지만 식욕을 조절할 수 있습니다. 다만 내 몸에 폭력적일 만큼 과식을 하면 안 되겠지요? 앞서 언급했던 기본적인 마음가짐, 나를 사랑하는 마음을 가진다면 절대 무자비한 폭식을 할 수 없답니다.

위 3가지가 다이어트와 무슨 관련이 있지?라는 생각이 들 수 있습니다.

하지만 몸과 마음, 머리, 모든 것은 연결되어 있습니다. 하나라도 답답하고 이상이 생기면 그게 몸의 밸런스를 망가트려 살이 찌게 만듭니다. 생각, 몸, 마음, 이 3가지를 적절하게 비워주면 살도 자연스럽게 빠집니다. 삶의 여러 곳을 여러 방법으로 비워내다 보면 몸도 자연스레 가벼워집니다.

시간의 비움

우리에겐 항상 시간이 부족하다

N은 하고 싶은 것은 많은데 항상 시간이 부족합니다. 전원주택 살림과 두 아이의 양육, 잦은 모임으로 항상 바쁘고 동분서주. 하지만 무엇 하나 포기하고 싶지 않습니다. 삶의 밸런스를 맞추면서 하고 싶은 것을 하기 위해 시간 관리가 절실히 필요합니다.

외출 시 짐을 싸는 시간, 집안 청소와 설거지에 투자하는 시간, 휴대전화 들여다보는 시간 등이 시간 도둑처럼 느껴집니다. 삶의 우선순위를 알고 그 일에 집중하고 싶습니다. 집안을 정리한다고 몸과 마음을 쏟는 대신 보기만 해도 시원한 느낌이 드는 공간에서 아이들과 뛰어놀고, 도란도란 가족들과의 시간을 보내며, 자신의 성장을 위한 공부에도 집중할 수 있었으면 합니다.

우리가 시간 관리를 잘하지 못했다고 자책하는 이유는 무엇일까요?

1. 할 일이 많아서

2. 시간이 없어서

둘 다 아닙니다. 우리가 시간 관리를 잘하지 못한다고 느끼는 건 '중요한 일'을 처리하지 못했기 때문입니다. 수많은 목표 리스트는 있지만 정작 꼭 해야 할 중요한 리스트가 뭔지를 모르는 현실이 문제이지요.

상담 중에 종종 저에게 이처럼 물어오는 분이 계십니다.

"아이 키우며, 코칭하며, 원고에, 프로젝트, 유튜브, 블로그까지, 그 많은 일을 어떻게 하세요? 건강은 괜찮으세요?"

저는 많은 일을 하고 있지만 그 모든 것을 정말 진심으로 즐겁게 하고 있어요. 수많은 일 중에서 제가 억지로 하는 일은 단 한 개도 없습니다. 그래서 스트레스가 적습니다. 인간이기에 스트레스가 없을 순 없지만, 스트레스에 굉장히 취약한 내향형인데다 스트레스 때문에 도전도 꺼렸던 제가 이것저것 활발히 해내면서 스트레스도 거의 없이 즐겁게 일하고 있으니, 전 요즘 참 행복합니다.

스트레스 없이 많은 일을 해내는 4가지 방법

많은 일을 할 수 있는 비결, 건강도 괜찮은 비결, 스트레스를 안 받는 비결이 있다면, 그 첫 번째는 내가 하고 싶은 일만 하는 것입니다. 이 이야기는 앞서 '억지로 노력해서는 절대 안 된다' 편에서 이야기했으므로 다시 언급하지 않겠습니다.

그리고 두 번째 비결은 '일을 적게 한다는 것'입니다. 아이러니하지요? 많은 일을 하면서 일을 적게 한다니요? 예를 들어볼게요. 가령, 제가 오늘 할 일이 다음 7가지라고 합시다.

1. 블로그 글쓰기
2. 코칭
3. 원고 쓰기
4. 유튜브 영상 찍기
5. 반찬 만들기
6. 미팅
7. 장보기

이렇게 있다면, 저는 가장 중요한 일 3~4가지만 끝내고 나머지는 알아서 행동이 일어나게 내버려둡니다. 시간에 따라서 1~2가지를 할 때도 있습니다.

스티븐 코비의 '큰 돌 법칙'에 대해 아시나요? 큰 돌 법칙이란 큰 돌과 작은 돌을 항아리에 모두 넣고자 할 때, 작은 돌부터 항아리에 넣을 경우 큰 돌을 넣을 수 없으나, 큰 돌을 먼저 넣고 나머지 틈 사이에 작은 돌을 넣는다면 모든 돌을 항아리에 넣을 수 있다는 것입니다. 큰일을 먼저 해치워야 중요한 일을 놓치지 않으며, 큰일이 관성을 일으켜 작은 일까지 원동력 있게 해결할 수 있도록 돕습니다.

혹시나 남아 있는 리스트가 있더라도 우리에게는 내일이 있습니다. 시간은 한 가지 일만 가능한 시간인데, 3~4가지를 하지 못했다고 자책하는 것은 정말 어리석은 짓입니다. 우선순위를 안다는 것은 자신의 삶을 통제하고 있는 것과 같습니다. 하루 안에 모두 해치우려고 하지 마세요. 우리에게 중요한 것은 몰아치기가 아니라 꾸준함입니다. 적은 일이라도 자신에게 중요한 것을 알고 꾸준히 하는 것이 훨씬 더 효과적입니다. 적은 일을 꾸준히 계속하는 것이 제가 많은 일을 할 수 있는 비결입니다.

세 번째 비결은 '새로운 시작을 겹치지 않게 하는 것'입니다. 즉, 기존의 일들이 익숙해진 다음에 다른 일을 벌이는 것입니다. 제가 지금 진행하고 있는 원고 쓰기나 코칭, 여러 프로젝트도 몇 달 전 혹은 몇 년 전부터 제 머릿속에 있었던 일들이었습니다. 하지만 차근차근 시작했지요. 제 에너지의 한계를 고려해서요. 이것은 내 에너지를 얕보는 것과는 다릅니다. 나를 알고 나를 인정하는 것이지요.

블로그 운영이 익숙해질 무렵 유튜브를 시작했고, 유튜브가 익숙해질 무렵 당인정(당신의 인생을 정리해드립니다!) 프로젝트를 시작했습니다. 그리고 이 프로젝트가 익숙해지고 나서 토글스(토해내는 글쓰기) 프로젝트를 시작했지요. 그 후 여러 가지 일들을 시작할 때도 마찬가지로, 앞선 일들이 익숙해져 내 에너지를 거의 필요로 하지 않을 만큼 편해졌을 때 다음 일을 시작했습니다.

그리고 마지막으로 제가 많은 일을 할 수 있는 비결, 네 번째는 '좋아하는 활동을 먼저 하는 것'입니다. 저는 〈커피값 아끼지 맙시다!〉 이벤트(혼자만의 시간을 응원하는 커피 쿠폰 나눔 이벤트)를 매달 열 만큼 커피를 좋아합니다. 그래서 커피 마시는 일을 제 일정에서 1순위로 꼭 넣습니다. 새벽 3시 30분에 일어나서 4시까지 30분간은 커피를 마시며 여유롭게 시간을 즐깁니다. 새벽 시간은 금 같은 시간이지만 저 자신을 위해, 제가 좋아하는 유희를 위해 30분의 시간을 할애합니다.

이렇게 일정에 꼭 커피 마시기를 적어놓으면 저는 이미 시작부터 이기고 들어갑니다. 커피 마시기는 제가 노력하지 않아도 할 수 있는 일이거든요. 그래서 리스트에서 지우는 게 쉽지요. 저는 매일 이렇게 일정 하나를 지우고 시작합니다. 커피 마시기는 열심히 하루를 잘 살아갈 나 자신을 믿기에 상을 내리는 것이기도 하고 제 하루에 힘을 불어넣는 트

무엇을, 어떻게 비워야 할까?

리거 같은 것이기도 합니다.

모든 이에게 시간은 공평하게 주어집니다. 그리고 어느 때나 시간은 공평하게 주어집니다. 제가 결혼하기 전, 결혼한 후, 그리고 아이를 낳은 후까지 하루 24시간은 변함없이 돌아갑니다. 하지만 저는 결혼하기 전보다 지금이 하루를 세 배로 사는 기분이에요. 아이 엄마이자 아내, 미니멀라이프 연구소와 스토리 팩토리 대표로 여러 역할을 맡아 살아가기 때문이지요.

편하고 느긋한 걸 선호하던 저인데 상황에 부닥치니 요령도 생기고 해내게 되더군요. 각자 자신만의 시간을 비우고 통제하는 방법을 찾아보시길 바랍니다. 시간이 다소 걸리더라도 길게 보았을 때 이것은 아주 중요한 문제입니다. 시간을 통제하는 것이 삶의 변화를 앞당겨주기 때문입니다.

06

마음의 비움

우리의 마음을 복잡하게 만드는 것은 무엇일까?

O에게 미니멀라이프는 늘 동경의 대상이었습니다. 물건으로 점철되지 않은 집, 미니멀하게 군살을 덜어낸 몸매와 그에 걸맞은 식단, 그리고 마음의 짐이 없는 평온한 상태.

중년 이후 믿었던 친구들과의 관계, 삶의 차이, 마음대로 되지 않는 아이들 문제에서 무기력함을 느꼈던 O는 비우기를 통해 편안함을 찾았습니다. 지금은 나를 위한 시간을 확보하기 위해 새벽 기상을 하며 차분하게 요리하는 시간을 즐깁니다. 일주일에 한 번은 마사지를 가는 사치를 누리기도 하고, '오늘은 나를 위해 뭔가 해야지!'라고 생각하는 날에는 혼자 스타벅스에 가서 커피를 사 먹기도 합니다. 산책을 하거나 향초를 켜놓고 반신욕을 하고 요가와 명상을 합니다.

무엇을, 어떻게 비워야 할까?

이는 모두 O가 마음의 평온한 상태를 위해 행하는 일입니다.

　우리의 마음을 복잡하게 하는 것은 무엇일까요?

　우리의 복잡한 마음은 욕망으로 인해 찾아옵니다. 우리는 무언가를 욕망할 때 마음이 달아오르고 조급해집니다. 하지만 욕망은 본능입니다. 욕망을 억지로 누르는 것은 불가능하지요. 욕망 덕분에 인간은 진화하고 발전해왔습니다. 욕망을 멀리할 것이 아니라 오히려 솔직하게 인정해야 합니다. 욕망은 나쁜 것이 아닙니다. 다만, 욕망이 자신의 것이 아닐 때 문제가 나타납니다. 자신이 진정 원하는 것이 아닌, 타인의 관점, 사회적 입장에서 욕망을 발현시킬 때 마음이 얽힙니다.

자신의 욕망을 파악하기

　자신의 욕망을 알고, 그것을 위해 행동하는 것은 지극히 자연스럽고 건강한 것입니다. 욕망은 사람을 움직이게 하는 촉매제이자 목표에 도달하게 하는 원동력이 됩니다. 남의 것을 탐하지 말라는 말이 있지요. 저는 이 말의 의미를 다르게 해석합니다. 남이 가진 재화를 탐하지 말라는 의미와 함께 남의 꿈, 즉 남의 욕망을 탐하지 말라는 의미로 이해합니다. 의외로 사람들의 욕망은 다양합니다. 모두 다 좋은 차, 좋은 집, 로또 당첨을 원할 것 같지만 깊은 내면으로부터의 질문을 던져보면 저마다 다른 꿈과 욕망을 가지고 있습니다.

사회가 정한 목표를 타인의 눈치를 보며 이루려고 애쓰는 삶은 얼마나 불안하고 서글픈가요? 그런 삶을 살면 마음에 화가 찹니다. 자신이 하는 행동이 자신이 진정 원하는 것이 아니라는 것을 마음은 잘 알고 있기 때문이지요. 자신의 마음이 부정적인 신호를 보낼 때 당신은 알아차려야 합니다. 그 부정적 감정은 마음에 따르라는 신호입니다. 가짜 마음과 가짜 행동을 버리고 진짜를 가져야 한다는 신호.

당신의 에너지를 가짜로 인해 낭비하지 마세요. 가짜 마음을 비워내고 진짜를 위해서만 쓰세요. 그만큼 당신의 마음과 에너지는 소중한 것입니다. 진짜를 선택했을 때 당신은 최고의 긍정적인 마음 상태를 갖게 될 것입니다. 선택만으로도 당신은 그러한 마음 상태에 근접할 수 있습니다. 그 선택을 믿고 행동을 취할 때 당신은 구름 위를 걷는 마음을 갖게될 것입니다. 모든 것이 자연스럽게 진행될 것입니다. 명상과 단식과 글쓰기가 그것을 더 쉽게 찾을 수 있게 해줄지도 모릅니다. 하지만 이것은 저의 경우이기에 어디까지나 당신만의 방법을 찾아보세요.

더 이상 타인의 마음에 들기 위해 노력하지 마세요

지금 좌절감, 무력감, 비참함 등을 느끼나요? 좋습니다. 당신은 아주 좋은 신호를 감지했습니다. 이제 그 감정을 충분히 받아들이세요. 그리고 찾아내세요. 당신에게 환희, 충만함, 나눔을 느끼게 할 그 무엇을. 그것은 누구도 가르쳐주지 않습니다. 그것은 당신 내면에 있습니다. 그 누구에게도 물어보지 말고 마음과 대화해보고, 찾아내세요. 그리고 흔들릴 때마다 다시 마음을 찾아가세요. 더 이상 사람들의 마음에 들기 위해 살지 마세요.

명심하세요. 마음의 주인은 당신입니다. 그 마음마저 타인에게 빼앗기지 마세요. 억지로 사람들을 감동시키려고도 하지 말아요. 당신의 억지는 사람들을 절대로 감동시킬 수 없습니다. 당신이 당신의 마음을 잘 찾아내고 자신만의 가치관을 가지고 그것에 일치되게 살아갈 때 사람들은 당신에게 감동할 것입니다.

07

일의 비움

당신만을 위한 리스트

당신은 삶에 대해 어떤 질문을 던지고 있나요? 하루를 마무리하면서 만족감을 느끼나요? 다음 날 아침이 기다려지나요? 아침이 되어 눈을 떴을 때, 다시 눈을 감고 싶은가요? 아니면 설레는 마음으로 박차고 일어나나요?

당신이 밤마다 번뇌에 휩싸여 잠이 들고 아침에 일어나다시 이불 속으로 기어들어가고 싶다면 당신은 자신의 인생을 다시 점검해보아야 합니다. 혹시 당신의 일과 중 당신이좋아할 만한 일이 한 가지 항목이라도 있는지, 아니면 모두타의에 의해, 혹은 자의지만 억지로 행해지는 것은 아닌지훑어보아야 합니다.

무엇을, 어떻게 비워야 할까?

당신의 다이어리나 할 일 리스트, 또는 일기를 쓴다면 일기를 확인해보세요. 그중에서 자신이 정말 좋아하는 일을 체크해보는 것입니다. 정말 작은 일이라도 자신에게 에너지를 주거나 설렘을 준다면, 혹은 그 일을 했을 때 편안함을 준다면 체크하세요.

자, 모두 체크를 끝내셨나요? 싫어하는 일과 좋아하는 일의 비중은 어떻게 되나요? 여기서 그저 그런 느낌의 일은 제외하도록 합니다. 50 대 50? 70 대 30? 20 대 80? 어떤 비율이라도 좋습니다. 앞으로 당신이 할 일은 좋아하는 일의 비중을 늘려나가는 것입니다.

하기 싫은 일만 가득한 삶이라면

하지만 싫어하는 일과 좋아하는 일의 비중이 100 대 0인 분도 있겠지요? 당신은 긴장해야 합니다. 이것은 이상 신호입니다. 싫어하는 일이 전부인 삶은 당신의 삶이 아닙니다. 물론 당신은 변명할 수도 있습니다. '이것은 내 탓이 아니야. 빚을 갚기 위해, 혹은 가족을 부양하기 위해 어쩔 수 없을 뿐이라고!' 하고요.

하지만 그것은 당신 탓입니다. 그것을 받아들이세요. 많은 사람들이 빚과 가족 부양의 문제로 돈벌이에 나섭니다. 하지만 그들 모두가 당신처럼 싫어하는 일만 가득 찬 삶을 살아갈까요? 이것은 환경의 문제가 아닙니다. 당신이 당신의 인생을 대하는 태도를 말하는 것입니다. 당신의 상황과 마음을 이해합니다. 하지만 그것이 지속된다면 그것은 더 이상 받아들여지지 않습니다. 당신은 점차 불평불만을 더 많이 늘어놓게 될 것입니다.

'아, 빚 갚느라 너무 힘들어', '가족들이 부담스러워.'

이것은 현실입니다. 아프지만 받아들여야 하는 현실. 그렇다고 해서 당신의 인생이 슬픔으로 가득 찰 필요는 없습니다.

자, 다시 다이어리로 돌아가 볼까요? 당신이 싫어하는 일 중에서 꼭 하지 않아도 되는 일을 찾아보세요. 분명히 있을 것입니다. 눈을 비비고 찾아보세요. 그리고 그것을 작지만 좋아하는 일로 바꿔보세요. 산책하기라면 산책, 명상이라면 명상, 책 읽기라면 책 읽기로 작은 시간을 채워주세요. 딱 10분 정도가 좋겠어요. 그렇게 하면 당신도 부담이 없고 무리가 가지 않을 것입니다. 이런 식으로 시작해서 점차 늘려가는 것입니다. 불필요하고 싫어하는 일을 점점 제거해나가고 당신에게 꼭 필요하면서 당신이 좋아하는 일들로 채워주세요.

멈추지 말고 계속 찾아내세요. 좋아하는 것을 추구하는 삶. 그것이 지속된다면 당신의 환경은 그대로일지 몰라도 삶을 대하는 마음은 변화될 거예요. 그리고 그 마음이 당신의

무엇을, 어떻게 비워야 할까?

환경도 변화하게 만들 것입니다. 당신의 인생은 당신의 책임입니다. 양보하지 마세요. 누구에게도. 누가 뭐라든.

비움이 곧 채움입니다

비움의 필요성에 대해 의문을 품는 경우가 있습니다.
"왜 꼭 비워야 하지? 나는 비우지 않아도 잘살고 있는데?"
"비우는 것은 수도자들이나 하는 것 아니야?"

이렇게 생각하는 이유는 두 가지일 것입니다. 하나도 비워보지 않았기에, 혹은 제대로 된 비움을 경험하지 못했기에. 전자의 경우, 하나도 비워보지 않은 당신은 비움에 대해 논할 권리가 없습니다. 제가 당신에게 비움을 강요할 수 없는 것처럼 말입니다. 그리고 후자인 경우, 잠시 비우다가 멈추었거나 무조건적인 비움으로 잘못된 비움을 체험한 경우입니다.

모든 일과 마찬가지로 비움도 역시 성공하기 위해선 좋은 스승이나 멘토가 필요합니다. 비움에 관련된 좋은 책과 정보가 많이 있습니다. 일단 시작해서 비움의 맛을 보았다면 부디 멈추지 말고 정진해서 비움의 효과를 충분히 만끽하고 누려보기를 바랍니다.

사실 비움의 원리는 간단합니다. 하나씩 비울 때마다 당신의 삶이 조금씩 혹은 급속하게 나아질 거라는 것.

지금 이 세상은 무엇이든 사서 채우라고 말합니다. 물건, 경험, 심지어 인간관계까지 돈으로 사서 채우라고 합니다. 그러한 세상에서 비워야 행복하다고 외치는 것이 놀랍지 않은가요? 어쩌면 믿기지 않을 만도 합니다.

하지만 당신은 돌아보아야 합니다. 당신의 삶이 물질과 외부적인 요소로 한없이 채워질 때 멈춰 서야 합니다. 그리고 당신의 삶이 순조롭게 돌아가고 있는지 살펴보아야 합니다. 여기서 돌아보고, 멈춰 서고, 살펴본다는 것, 그것이 '비움'을 뜻합니다. 제대로 비우는 시간이 늘어날수록 당신은 더 많이 비워야 더 많이 채울 수 있음을 깨닫게 될 것입니다. 그리고 당신에겐 새로운 세상이 열릴 것입니다. 당신은 비움이라는 비밀의 문을 연 것입니다.

이제 비움을 시작하는 당신, 저는 당신이 세상에서 가장 부럽습니다. 곧 비움의 짜릿함을 느끼게 될 테니까요. 그리고 비우고 있는 당신, 계속 전진하시길. 그렇다면 이 책에서 이야기하는 많은 것을 당신 삶 속에 채우게 될 것입니다.